活躍しよう！中国語

初級

徐 送迎

朝日出版社

音声ダウンロード

 音声再生アプリ「リスニング・トレーナー」（無料）

朝日出版社開発のアプリ、「リスニング・トレーナー（リストレ）」を使えば、教科書の音声をスマホ、タブレットに簡単にダウンロードできます。どうぞご活用ください。

まずは「リストレ」アプリをダウンロード

▶ App Store はこちら   ▶ Google Play はこちら

アプリ【リスニング・トレーナー】の使い方

❶ アプリを開き、「コンテンツを追加」をタップ

❷ QRコードをカメラで読み込む

❸ QRコードが読み取れない場合は、画面上部に 45367 を入力し「Done」をタップします

QRコードは㈱デンソーウェーブの登録商標です

Webストリーミング音声

http://text.asahipress.com/free/ch/245367

◆本テキストの音声は、上記のアプリ、ストリーミングでのご提供となります。
本テキストにCD・MP3は付きません。

　このテキストは中国語学習の初心者、大学1年生を対象にしたものです。

　本書は、日本と中国二つの舞台を設定しています。前半では、中国人大学生・劉佳さんが日本旅行で日本人大学生・阿部龍さんとの出会いから展開し、後半は阿部龍さんが中国を訪ね、肌で中国文化に触れてきます。全12課を通じて、交友や食事、道案内、買い物、病院など幅広く、基本的な会話を取り上げました。

　目指したのは学生に親しみやすく、楽しく学びやすい、自然と身につくことです。この目標のもとに作成された本書の特色は、以下の4点です。

1.　内容は学生の身近なことで、実践的な場面によって、ちょっとした臨場感を味わうことができます。

2.　初級としての文法事項をやさしく取り上げ、練習を多く盛り込みました。繰り返し練習することによって、自然とマスターしていくことをねらいます。特にグループでもできる練習問題を用意しています。聴く、話す、読む、書くという総合的な訓練を行う同時に、聴けて話せることに重点を置きましたが、文法理解や読解力、作文能力の向上にも配慮しました。

3.　各課は本文、語句、ポイント、トレーニング、達成度総合チェックという五つで構成されています。1課につき、2コマで進めていくのが基本的なモデルです。

4.　近年、教育改革の一環として、多くの大学は従来90分の授業を100分か、105分に改定されました。この教科書はこの改革にもフィットするように、トレーニングのほかに「達成度を総合チック」を設けて、クラス編成や1コマの長さ、学習者のレベルによって、担当の先生方は無理せず選択して練習することができます。時間があれば、全部行い、時間が足りない場合、中の一部分だけでもよいです。

　本書の勉強によって、学習者の皆さんがコミュニケーション能力を身につけ、中国語を生かして、活躍することを願ってやみません。

著　者

目次

本文編

記号凡例

名：名詞	動：動詞
形：形容詞	代：代名詞
接：接続詞	量：量詞
助：助詞	感：感嘆詞
数：数詞	疑代：疑問代詞
成：四字熟語	助動：助動詞
介：介詞（前置詞）	数量：数量詞
フ：フレーズ	方位：方位詞

　中国は多民族国家で、56の民族もあります。人口約14億の中国では、その約90％が漢民族です。これから勉強する「中国語」は、中国語で言えば、**"汉语"**（漢語）と言い、漢民族が使っている言語です。

　しかし、同じ漢民族と言っても、地域によって多くの方言があり、互いに外国語のように全く通じないものもかなりあります。現代中国では、**"普通话"**と呼ばれる中国全土で通用する共通語が定められました。この共通語は北方方言の語彙を基礎、北京語の発音を基準音、現代口語による模範的な作品の文法を基準としたものです。

　中国語は表意文字で、発音を直接に示さないため、現代中国語では、表音文字のローマ字**"拼音"**（ピンイン）で漢字の発音を表記します。この中国式ローマ字つづりは文字ではなく発音を表わす記号ですが、中国語学習の第一歩は、まずこのピンインを覚える必要があります。

　例えば、「心」という漢字の発音をピンインで表記すれば、**"xīn"**となります。

声調

子音（声母）　　　　　　　　　　　　母音（韻母）

　上のように、中国語は単音節語で、一つの漢字は一つの音節です。一つの音節は「子音＋母音＋声調」からなるのが一般的です。「声調」とは、音の高低や上げ下げの調子を指します。中国語に**"四声"**と呼ばれる四つの声調があります。

1 声調（四声） 🔊 001

ā **第1声：** 高く平らな調子で、すこし引き伸ばすように発音する。

á **第2声：** 普通の高さから一気に上げ、第1声の高さまでのぼり、やや短い。「えー！なんだって!?」と聞き返す時の「えー！」。

ǎ **第3声：** 半低音から低く押さえ込んだ後、緩やかに上げる。「へぇー！なるほど。」とさも感心した時の「へぇー！」。

à **第4声：** 高音から一気に下げ、非常に短い。カラスの元気な鳴き声「カアッー！」。

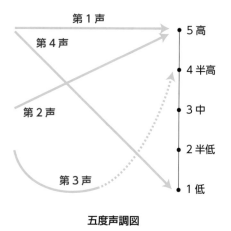

五度声調図

---

2 軽声 🔊 002

本来の声調を失って、前の音節の声調によって軽く短く発音する。声調記号は無い。

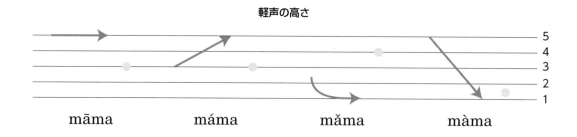

軽声の高さ

＊**声調記号**

1声：　2声：╱　3声：∨　4声：╲

3　単母音 🔊 003

母音は単母音、複母音と鼻母音の三つに分けられている。

a　o　e　i　u　ü　er

a 　日本語の「ア」より口を大きく開いて、明るい「ア」。

o 　日本語の「オ」より唇を強く丸める「オ」。

e 　日本語の「エ」より口を少し左右に開き、のどの奥から「オ」を発音する。

i 　日本語の「イ」よりも唇を左右に引いて発音する。

u 　日本語の「ウ」よりも唇を丸く突き出して口笛を吹くように発音する。

ü 　「u」を言う唇の形をして口をすぼめて横笛を吹くように発音する

er 　「e」を発音しながら舌先をひょいとそり上げる。

＊「i」「u」「ü」が単独で音節となる場合は「yi」「wu」「yu」とつづります。

練習1　次のピンインを発音してみましょう。 🔊 004

1) ā　á　ǎ　à 　　5) ū　ú　ǔ　ù
2) ō　ó　ǒ　ò 　　6) ǖ　ǘ　ǚ　ǜ
3) ē　é　ě　è 　　7) ā　ó　ě　ì
4) ī　í　ǐ　ì 　　8) ǔ　ǖ　ò　ér

練習2　発音を聞いて声調記号を付けてみましょう。 🔊 005

1) a　a　a　a 　　4) i　i　i　i
2) o　o　o　o 　　5) u　u　u　u
3) e　e　e　e 　　6) ü　ü　ü　ü

| プチ会話1 🎁 | 声調を意識して会話練習をしてみましょう。 🔊 006 |

A	你 好！	こんにちは。
	Nǐ hǎo!	
B	你 好！	こんにちは。
	Nǐ hǎo!	

A	谢谢。	ありがとう。
	Xièxie.	
B	不 谢。/ 不 客气。	どういたしまして。
	Bú xiè. / Bú kèqi.	

A	再见！	さようなら。
	Zàijiàn!	
B	再见！	さようなら。
	Zàijiàn!	

4 子音 🔊 007

子音は母音の前につく。全部で21個である。

両唇音 りょうしんおん	b(o)	p(o)	m(o)		
唇歯音 しんしおん				f(o)	
舌尖音 ぜっせんおん	d(e)	t(e)	n(e)		l(e)
舌根音 ぜっこんおん	g(e)	k(e)		h(e)	
舌面音 ぜつめんおん	j(i)	q(i)		x(i)	
そり舌音 じたおん	zh(i)	ch(i)		sh(i)	r(i)
舌歯音 ぜっしおん	z(i)	c(i)		s(i)	
	無気音	有気音	鼻音	摩擦音	有声音

＊子音だけでは、発音の練習が難しいので（　　）内の母音を付けて行う。

1 無気音と有気音

bo (無気音) 息を抑えて発音する　　po (有気音) 息を強く吐き出して発音する

2 そり舌音と舌歯音の断面図

zh　ch　sh　r　　　　　z　c　s

練習 3　発音されたものに○を付けてみましょう。　 008

1)　bo（　）　po（　）　　6)　he（　）　ji（　）
2)　mo（　）　fo（　）　　7)　qi（　）　xi（　）
3)　de（　）　te（　）　　8)　zhi（　）　zi（　）
4)　ne（　）　le（　）　　9)　chi（　）　ci（　）
5)　ge（　）　ke（　）　　10)　shi（　）　ri（　）

練習 4　発音を聞いて声調記号をつけ、さらに発音してみましょう。　 009

1)

shu（书）

2)

yu（雨）

3)

chi（吃）

4)

re（热）

5)

qima（骑马）

6)

pipa（琵琶）

7)
hecha（喝茶）

8)

dadi（打的）

| プチ会話 2 | 子音を意識して会話練習をしてみましょう。 010 |

A　你 早！　　　　　おはよう。
　　Nǐ zǎo!

B　早上　好！　　　おはよう。
　　Zǎoshang hǎo!

A　老师 好！　　　先生こんにちは。
　　Lǎoshī hǎo!

B　同学们　好！　　皆さんこんにちは。
　　Tóngxuémen hǎo!

5　複母音 (13個) 011

＞型 (強＋弱)	**ai**	**ei**	**ao**	**ou**	
＜型 (弱＋強)	**ia** (ya)	**ie** (ye)	**ua** (wa)	**uo** (wo)	**üe** (yue)
◇型 (弱＋強＋弱)	**iao** (yao)	**iou** (you)	**uai** (wai)	**uei** (wei)	

＊（　）内は前に子音がない時の表記。
＊「iou」「uei」は前に子音がつく時は「iu」「ui」と表記する。
　　例：j + iou → jiu　　h + uei → hui

| 練習 5 | 発音を聞いて声調記号をつけ、さらに発音してみましょう。 012 |

一 (yi)　　　　二 (er)　　　　三 (san)　　　　四 (si)　　　　五 (wu)

六 (liu)　　　　七 (qi)　　　　八 (ba)　　　　九 (jiu)　　　　十 (shi)

14

声調記号のつけ方

声調記号は母音の上に付ける。その順位は次の通りである。

1)　a があれば、a の上に付ける。　　　（例 bāo）

2)　a がなければ、o か e の上に付ける。　（例 dòu　jié）

3)　iu と ui の場合は後ろの音に付ける。　（例 jiǔ　duì）

6 鼻母音 (16個) 013

an	ang	en	eng
in (yin)	ing (ying)	ian (yan)	iang (yang)
uan (wan)	uang (wang)	uen (wen)	ueng (weng)
ong	iong (yong)	üan (yuan)	ün (yun)

＊（　　）内は前に子音がない時の表記。

＊「uen」の前に子音がつく時は「un」と表記する。
　　例：d + uen → dun

 ～n と～ng の違い

　◀案内

　◀案外

an

ang

練習6　発音を聞いて声調記号をつけ、さらに発音してみましょう。　014

1)

dengshan（登山）

2)

yinhang（銀行）

3)

xiongmao（熊猫）

4)

liangkuai（涼快）

次の数字を発音してみましょう。　🔊 015

十一	十二	十三	十四	十五	十六	十七	十八
shíyī	shí'èr	shísān	shísì	shíwǔ	shíliù	shíqī	shíbā

十九	二十	二十一	……	一百（100）	一百零一（101）
shíjiǔ	èrshí	èrshiyī		yìbǎi	yìbǎi líng yī

7　声調の変化　🔊 016

1　第3声の声調変化

1)　3声＋3声　➡　2声＋3声

你　好　➡　你　好　　◁声調符号はもとのまま変わらない。
nǐ　hǎo　　　nǐ　hǎo

2)　3声＋1・2・4声　➡　半3声＋1・2・4声（及び大部分の軽声）

老师　　小学　　美味　　姐姐　　◁声調符号はもとのまま変わらない。
lǎoshī　xiǎoxué　měiwèi　jiějie

2　"一"（yī）の声調変化

1)　yī＋1・2・3声　➡　yì＋1・2・3声

一千　　一同　　一百
yìqiān　yìtóng　yìbǎi

2)　yī＋4声　➡　yí＋4声

一万　　一下　　一亿　　一定
yíwàn　yíxià　yíyì　yídìng

3　"不"（bù）の声調変化

bù＋4声　➡　bú＋4声

不大　　不对　　不去　　不错
bú dà　bú duì　bú qù　búcuò

8 儿化 (アル) 🔊 017

母音の最後のところで舌をそらせて発音することを"儿化"と言う。ピンインは"r"、漢字は"儿"で表記する。

有　事儿　　画　画儿　　玩儿　　小孩儿
yǒu　shìr　　huà　huàr　　wánr　　xiǎoháir

9 隔音記号

a，o，e で始まる音節が他の音節の後に続く場合、前の音節との間に隔音符号 ['] を付けて音節の切れ目をはっきりさせる。

可爱　　海鸥　　女儿
kě'ài　　hǎi'ōu　　nǚ'ér

A 你 好 吗?
　 Nǐ hǎo ma?
　　　　　　　　　　　お元気ですか。

B 我 很 好。
　 Wǒ hěn hǎo.
　　　　　　　　　　　元気です。

A 对不起。
　 Duìbuqǐ.
　　　　　　　　　　　すみません。

B 没 关系。
　 Méi guānxi.
　　　　　　　　　　　かまいません。

A 有 问题 吗?
　 Yǒu wèntí ma?
　　　　　　　　　　　質問ありますか。

B 有。 / 没有。
　 Yǒu. / Méiyǒu.
　　　　　　　　　　　あります。/ありません。

A 辛苦 了。
　 Xīnkǔ le.
　　　　　　　　　　　お疲れさま。

B 明天 见! / 下周 见!
　 Míngtiān jiàn! / Xiàzhōu jiàn!
　　　　　　　　　　　また明日。/また来週。

A 好久 不 见。
　 Hǎojiǔ bú jiàn.
　　　　　　　　　　　お久しぶりです。

B 好久 不 见。
　 Hǎojiǔ bú jiàn.
　　　　　　　　　　　お久しぶりです。

A 打扰 了。
　 Dǎrǎo le.
　　　　　　　　　　　お邪魔しました。

B 请 慢 走。
　 Qǐng màn zǒu.
　　　　　　　　　　　お気をつけてお帰り下さい。

第 **1** 课
Dì yī kè

相遇
Xiāngyù

喫茶店での出会い。　　　　　　　　　　　　🔊 019

阿部： 你　好!
　　　Nǐ　hǎo!

刘佳： 你　好!
　　　Nǐ　hǎo!

阿部： 请问，你　是　学生　吗?
　　　Qǐngwèn,　nǐ　shì　xuésheng　ma?

刘佳： 对，我　是　学生。
　　　Duì,　wǒ　shì　xuésheng.

阿部： 你　是　日本人　吗?
　　　Nǐ　shì　Rìběnrén　ma?

刘佳： 不，我　是　中国人。
　　　Bù,　wǒ　shì　Zhōngguórén.

阿部： 认识　你　很　高兴!
　　　Rènshi　nǐ　hěn　gāoxìng!

刘佳： 我　也　很　高兴!
　　　Wǒ　yě　hěn　gāoxìng!

新出語句　　　　　　　　　　　　　　　　　　🔊 020

① 相遇 xiāngyù 　動 出会う
② 你好 Nǐ hǎo 　こんにちは
③ 请问 qǐngwèn 　動 お尋ねしますが、あのう
④ 你 nǐ 　代 あなた
⑤ 是 shì 　動 ～である
⑥ 学生 xuésheng 　名 学生
⑦ 吗 ma 　助 ～か
⑧ 对 duì 　形 そうだ、その通りだ

⑨ 我 wǒ 　代 私、僕
⑩ 日本人 Rìběnrén 　名 日本人
⑪ 不 bù 　副 いいえ、～しない、～ではない
⑫ 中国人 Zhōngguórén 　名 中国人
⑬ 认识 rènshi 　動 知り合う、知っている
⑭ 很 hěn 　副 とても
⑮ 高兴 gāoxìng 　形 嬉しい、喜ぶ
⑯ 也 yě 　副 ～も

022

 人称代名詞

	単 数		複 数	
第1人称	我 wǒ (私)		我们 wǒmen (私たち)	咱们 zánmen (私たち)
第2人称	你 nǐ (あなた)	您 nín ("你"の敬語)	你们 nǐmen (あなたたち)	
第3人称	他 tā (彼) 她 tā (彼女) 它 tā (それ、あれ)		他们 tāmen (彼ら) 她们 tāmen (彼女たち) 它们 tāmen (それら、あれら)	

＊"您"は"你"の敬語。"您们"とは言わない。　＊"咱们"は聞き手も含む親しい人の間で使う。

 023

 判断動詞"是"

肯定文　「AはBである」

(1) 我　是　学生。
　　Wǒ　shì　xuésheng.

(2) 他　是　老师。
　　Tā　shì　lǎoshī.

否定文　「AはBではない」

她　不　是　学生。
Tā　bú　shì　xuésheng.

即練習　次の文を中国語に直しましょう。

❶ 彼女たちは学生です。

⎯⎯⎯⎯⎯⎯⎯⎯⎯⎯⎯⎯⎯⎯⎯⎯⎯⎯⎯⎯⎯⎯⎯⎯⎯⎯⎯⎯⎯⎯⎯

❷ 私は先生ではありません。

⎯⎯⎯⎯⎯⎯⎯⎯⎯⎯⎯⎯⎯⎯⎯⎯⎯⎯⎯⎯⎯⎯⎯⎯⎯⎯⎯⎯⎯⎯⎯

3 疑問を表わす"吗"「〜か」

(1) 你 是 学生 吗?
Nǐ shì xuésheng ma?

(2) 他 是 中国人 吗?
Tā shì Zhōngguórén ma?

(3) 她们 是 大学生 吗?
Tāmen shì dàxuéshēng ma?

◁》 025

 4 中国語の基本的な語順　主語＋述語＋目的語　「〜は…する」「〜は…をする」

(1) 我 认识 他。
Wǒ rènshi tā.

(2) 我们 学 汉语。
Wǒmen xué Hànyǔ.

(3) 你 喝 咖啡 吗?
Nǐ hē kāfēi ma?

 即練習　次の文を中国語に直しましょう。

❶ あなたは中国語を学びますか。

_____

❷ 私もコーヒーを飲みます。

_____

◁》 021

ポイントの新出語句

❶ 老师 lǎoshī 图先生　　　　❹ 汉语 Hànyǔ 图中国語
❷ 大学生 dàxuéshēng 图大学生　❺ 喝 hē 動飲む
❸ 学 xué 動学習する、習う、学ぶ　❻ 咖啡 kāfēi 图コーヒー

1 イラストの語句を使って、下線部を置き換え練習しましょう。　🔊 026

1 美国人
Měiguórén

2 越南人
Yuènánrén

3 英国人
Yīngguórén

(1)　A：请问，你 是 学生 吗？
　　　Qǐngwèn, nǐ shì xuésheng ma?

　　　B：对，我 是 学生。
　　　Duì, wǒ shì xuésheng.

　　　C：不，我 不 是 学生。
　　　Bù, wǒ bú shì xuésheng.

4 英语
Yīngyǔ

5 日语
Rìyǔ

6 法语
Fǎyǔ

(2)　A：你 学 汉语 吗？
　　　Nǐ xué Hànyǔ ma?

　　　B：对，我 学 汉语。
　　　Duì, wǒ xué Hànyǔ.

　　　C：不，我 不 学 汉语。
　　　Bù, wǒ bù xué Hànyǔ.

2 次の質問に自身のことを答えてみましょう。

(1) 问： 请问，你是日本人吗？
  wèn

  答：...
  dá

(2) 问： 你是老师吗？

  答：...

(3) 问：你也学汉语吗？

  答：...

3 中国語の発音を聞いて、語句を書き取りましょう。　　🔊 027

漢字	ピンイン		漢字	ピンイン
(1)	....	(4)	....
(2)	....	(5)	....
(3)	....	(6)	....

4 次のピンインを漢字に直し、日本語に訳しましょう。

(1) Wǒ shì Rìběnrén.

  ....

(2) Nǐ shì xuésheng ma?

  ....

(3) Wǒ yě hěn gāoxìng!

  ....

◀)) 028

1 音声を聞いて読まれた順に1～3の番号を □ に記し、さらに通訳しましょう。

(1) 她们学法语。 □

(2) 我们学英语。 □

(3) 他也学汉语。 □

2 空欄を埋めて、日本語に訳しましょう。

(1) 我（　　　　　）日本人。

　　日本語訳 ....

(2) 请问，你是美国人（　　　　　）?

　　日本語訳 ....

(3) 你们（　　　　　）喝咖啡吗?

　　日本語訳 ....

3 次の日本語を中国語に訳しましょう。

(1) お知り合いできて嬉しいです。

　　..

(2) あのう、あなたは中国人ですか。

　　..

(3) 私は彼女たちを知っています。

　　..

第 **2** 课 交 朋友
Dì èr kè

Jiāo péngyou

本文 喫茶店で知り合った二人は友達になった。 029

阿部: 你 叫 什么 名字?
Nǐ jiào shénme míngzi?

刘佳: 我 叫 刘 佳。
Wǒ jiào Liú Jiā.

阿部: 我 叫 阿部 龙。
Wǒ jiào Ābù Lóng.

刘佳: 交 个 朋友 好 吗?
Jiāo ge péngyou hǎo ma?

阿部: 好 啊。 你 有 LINE 吗?
Hǎo a. Nǐ yǒu LINE ma?

刘佳: 没有。 你 有 微信 吗?
Méiyǒu. Nǐ yǒu Wēixìn ma?

WeChat

阿部: 有。(携帯を取り出して)你 扫 我。
Yǒu. Nǐ sǎo wǒ.

刘佳: 我们 是 朋友 了!
Wǒmen shì péngyou le!

新出語句 030

1. 交 jiāo 動 交際する、友達になる
2. 朋友 péngyou 名 友達
3. 叫 jiào 動 (名前は)〜と言う、呼ぶ
4. 什么 shénme 疑代 何、どんな
5. 名字 míngzi 名 名前、姓名
6. 刘佳 Liú Jiā 名 (人名)劉佳
7. 阿部龙 Ābù Lóng 名 (人名)阿部龍
8. 个 ge 量 ひとつ、ちょっと
9. 好 hǎo 形 よい、よろしい、上手である
10. 啊 a 助 (文末に用いて感嘆の意を表わす)ね、よ
11. 有 yǒu 動 いる、ある、持っている
12. 没有 méiyǒu 動 いない、ない、持っていない
13. 微信 Wēixìn 名 WeChat(ウィーチャット)
14. 扫 sǎo 動 スキャンする
15. 了 le 助 〜になった、〜した

032

 1 疑問詞疑問文

(1) 这 是 什么?
　 Zhè shì shénme?

(2) 他 是 谁?
　 Tā shì shéi?

💡 "吗" といっしょに用いない。

(3) 你 喝 什么? ➡ 我 喝 可乐。
　 Nǐ hē shénme? 　 Wǒ hē kělè.

 033

 2 名前の尋ね方と答え方

(1) 您 贵姓? 　（苗字〈姓〉を尋ねる）　➡ 我 姓 阿部。
　 Nín guìxìng? 　　　　　　　　　　 Wǒ xìng Ābù.

(2) 你 叫 什么 名字? （フルネームを尋ねる）➡ 我 叫 刘 佳。
　 Nǐ jiào shénme míngzi? 　　　　　　 Wǒ jiào Liú Jiā.

🐬 **即練習** 次の文を中国語に直しましょう。

❶ 彼の名前は何と言いますか？

_____

❷ あなたたちは何を飲みますか。

_____

 031

ポイントの新出語句

❶ 这 zhè ［代］これ、この
❷ 谁 shéi/shuí ［疑代］誰
❸ 可乐 kělè ［名］コーラ
❹ 贵姓 guìxìng ［名］お名前（敬語）

❺ 姓 xìng ［動］〜という姓である
❻ 里 li ［方位］〜中
❼ 小卖店 xiǎomàidiàn ［名］売店
❽ 手机 shǒujī ［名］スマホ

 **動詞 "有"**

1 **存在を表わす** 場所 ＋ "有" ＋ 人（動物）・物 「AにBがいる（ある）」

(1) 大学 里 有 小卖店。
Dàxué li yǒu xiǎomàidiàn.

(2) 小卖店 里 有 学生。
Xiǎomàidiàn li yǒu xuésheng.

💡 不特定の人・物に限る。
×大学里有刘佳（她）。

2 **所有を表わす** 「AはBを持っている」「AはBがいる（ある）」

(1) 我 有 手机。
Wǒ yǒu shǒujī.

(2) 你 有 中国 朋友 吗? ➡ 我 没有。
Nǐ yǒu Zhōngguó péngyou ma? Wǒ méiyǒu.

 🔊 035

 語気助詞 "了" 「～になった、～した」

文末に置かれる語気助詞 "了" は、主に情況や事態の変化を表わすが、ある事柄が既に実現したことや動作の完了を表わすこともできる。

(1) 我 是 大学生 了。 （変化）「～になった」
Wǒ shì dàxuéshēng le.

(2) 你 喝 咖啡 了 吗? ➡ 我 喝 了。 （完了）「～した」
Nǐ hē kāfēi le ma? Wǒ hē le.

🐬 **即練習** 次の文を中国語に直しましょう。

❶ 彼は中国人の友達がいません。

_____

❷ あなたも大学生になりましたか。

_____

1 イラストの語句を使って、下線部を置き換え練習しましょう。 036

电脑
diànnǎo

电子词典
diànzǐ cídiǎn

游戏机
yóuxìjī

(1) A: 你 有 手机 吗?
　　　 Nǐ yǒu shǒujī ma?

　　 B: 我 有 手机。
　　　 Wǒ yǒu shǒujī.

　　 C: 我 没有 手机。
　　　 Wǒ méiyǒu shǒujī.

红茶
hóngchá

珍珠奶茶
zhēnzhū nǎichá

乌龙茶
wūlóngchá

(2) A: 你 喝 什么?
　　　 Nǐ hē shénme?

　　 B: 我 喝 可乐。
　　　 Wǒ hē kělè.

　　 C: 我 也 喝 可乐。
　　　 Wǒ yě hē kělè.

2 次の質問に自身のことを答えてみましょう。

(1) 问：请问，你叫什么名字？

　　答： _____

(2) 问：你有电脑吗？

　　答： _____

(3) 问：你有中国朋友吗？

　　答： _____

3 中国語の発音を聞いて、語句を書き取りましょう。　　🔊 037

	漢字	ピンイン		漢字	ピンイン
(1)			(4)		
(2)			(5)		
(3)			(6)		

4 次のピンインを漢字に直し、日本語に訳しましょう。

(1) Wǒ shì dàxuéshēng le.

_____

(2) Nǐmen yǒu diànzǐ cídiǎn ma?

_____

(3) Tā jiào shénme míngzi?

_____

🔊 038

1 音声を聞いて読まれた順に1〜3の番号を □ に記し、さらに通訳しましょう。

(1) 刘佳喝珍珠奶茶。 □

(2) 朋友们喝乌龙茶。 □

(3) 阿部龙喝可乐。 □

2 空欄を埋めて、日本語に訳しましょう。

(1) 他（　　　　　）阿部。

日本語訳 _____

(2) 你（　　　　　）游戏机吗？

日本語訳 _____

(3) 我有中国朋友（　　　　　）。

日本語訳 _____

3 次の日本語を中国語に訳しましょう。

(1) お友達になりませんか。

_____

(2) 彼女は劉佳と言います。

_____

(3) あなたはスマホを持っていますか。

_____

第 **3** 课
Dì sān kè

聊天儿
Liáotiānr

本文 阿部さんと劉佳さんはいろいろプライベートな話をしている。　🔊 039

刘佳： 你 今年 多 大？
　　　Nǐ jīnnián duō dà?

阿部： 我 十九 岁。 你 呢？
　　　Wǒ shíjiǔ suì. Nǐ ne?

刘佳： 我 十八 岁。
　　　Wǒ shíbā suì.

阿部： 你 家 有 几 口 人？
　　　Nǐ jiā yǒu jǐ kǒu rén?

刘佳： 四 口 人。 爸爸、 妈妈、 一 个 弟弟 和 我。
　　　Sì kǒu rén. Bàba、 māma、 yí ge dìdi hé wǒ.

阿部： 你 在 哪儿 打工？
　　　Nǐ zài nǎr dǎgōng?

刘佳： 我 不 打工。
　　　Wǒ bù dǎgōng.

阿部： 噢， 我 在 超市 打工。
　　　Ō, wǒ zài chāoshì dǎgōng.

新出語句 🧭　🔊 040

① 聊天儿 liáotiānr 動 雑談する
② 今年 jīnnián 名 今年
③ 多大 duō dà 7 (年齢、広さ等が)どれくらいか、いくつか
④ 岁 suì 量 (年齢を数える)歳
⑤ 呢 ne 助 ～は？
⑥ 家 jiā 名 家、家族
⑦ 几 jǐ 疑代 いくつ、いくら
⑧ 口 kǒu 量 家族構成、人口を数える

⑨ 爸爸 bàba 名 お父さん、パパ
⑩ 妈妈 māma 名 お母さん、ママ
⑪ 弟弟 dìdi 名 弟
⑫ 和 hé 接 ～と
⑬ 在 zài 介 ～で、～に
⑭ 哪儿 nǎr 疑代 どこ
⑮ 打工 dǎgōng 動 アルバイトをする
⑯ 噢 ō 感 (理解や了解の気持ち)ああ、そうか
⑰ 超市 chāoshì 名 スーパーマーケット

1 名詞述語文 　主語 ＋ 名詞（数量詞）

名詞・名詞フレーズ・数量詞などが述語となり、日付・曜日・時刻・年齢・身長・価格などを表わす。

(1) 我 十九 岁。
　　Wǒ shíjiǔ suì.

　　否定文　他 不 是 二十 岁。　💡 否定文は "是" が必要となる。
　　　　　　Tā bú shì èrshí suì.

(2) 今天 几 号? ➡ 今天 六 号。
　　Jīntiān jǐ hào?　　Jīntiān liù hào.

043

2 数量詞の位置 　数詞 ＋ 量詞 ＋ 名詞

(1) 他 有 一 个 弟弟。
　　Tā yǒu yí ge dìdi.

(2) 我 要 一 杯 咖啡。
　　Wǒ yào yì bēi kāfēi.

(3) 你 有 几 台 电脑?
　　Nǐ yǒu jǐ tái diànnǎo?

🐬　即練習　次の文を中国語に直しましょう。

❶ ウーロン茶を一杯ください。

....

❷ 私はパソコンを１台持っています。

....

🔊 041

ポイントの新出語句

❶ 今天 jīntiān 〔名〕今日
❷ 号 hào 〔量〕（日にちを示す）〜日
❸ 要 yào 〔動〕ほしい、もらう、ください
❹ 杯 bēi 〔量〕〜杯

❺ 台 tái 〔量〕〜台
❻ 食堂 shítáng 〔名〕食堂
❼ 公司 gōngsī 〔名〕会社
❽ 工作 gōngzuò 〔名〕・〔動〕仕事（をする）、働く

介詞 "在~" "在" + 場所 + 動詞 「~で、~に」

(1) 他 在 食堂 打工。
　　Tā　zài shítáng dǎgōng

(2) 你 爸爸 在 公司 工作 吗?
　　Nǐ　bàba　zài gōngsī gōngzuò ma?

　　我 爸爸 不 在 公司 工作。
　　Wǒ　bàba　bú zài gōngsī gōngzuò.

💡 否定詞は普通 "在" の前に置く。

 場所を表わす代名詞

近称 (ここ)	遠称 (そこ、あそこ)	疑問 (どこ)
这儿 zhèr / 这里 zhèli	那儿 nàr / 那里 nàli	哪儿 nǎr / 哪里 nǎli

(1) 这里 有 电脑。
　　Zhèli　yǒu diànnǎo.

(2) 那儿 是 超市。
　　Nàr　shì chāoshì.

🐬 **即練習** 次の文を中国語に直しましょう。

❶ あそこは食堂です。

....

❷ お母さんはどこで働いていますか。

....

1 イラストなどの語句を使って、自身のことで会話をしてみましょう。　🔊 046

家族図

姥爷 / 外祖父
lǎoye / wàizǔfù
（母方の祖父）

姥姥 / 外祖母
lǎolao / wàizǔmǔ
（母方の祖母）

爷爷 / 祖父
yéye / zǔfù
（父方の祖父）

奶奶 / 祖母
nǎinai / zǔmǔ
（父方の祖母）

妈妈
māma
（母）

爸爸
bàba
（父）

妹妹
mèimei
（妹）

姐姐
jiějie
（姉）

我
wǒ
（私）

哥哥
gēge
（兄）

弟弟
dìdi
（弟）

(1)　A：你 家 有 几 口 人？
　　　　Nǐ jiā yǒu jǐ kǒu rén?

　　　B：我 家 有 ＿＿＿＿ 口 人。＿＿＿＿＿＿＿＿＿＿＿＿ 和 我。
　　　　Wǒ jiā yǒu 　　　 kǒu rén. 　　　　　　　　　　 hé wǒ.

(2)　A：你 今年 多 大？
　　　　Nǐ jīnnián duō dà?

　　　B：我 今年 ＿＿＿＿ 岁。你 呢？
　　　　Wǒ jīnnián 　　　 suì. Nǐ ne?

　　　A：我 ＿＿＿＿ 岁。
　　　　Wǒ 　　　 suì.

2 自分＆家族を紹介してみましょう。

我叫＿＿＿＿＿＿＿＿＿。　我今年＿＿＿＿＿岁。

我家有＿＿＿＿口人。＿＿＿＿＿＿＿＿＿＿＿＿和我。

我爸爸在＿＿＿＿＿＿＿＿工作。　我妈妈也（不）工作。

我在＿＿＿＿＿＿＿打工。/ 我不打工。

3 中国語の発音を聞いて、語句を書き取りましょう。　🔊 047

漢字	ピンイン		漢字	ピンイン
(1)		(4)		
(2)		(5)		
(3)		(6)		

4 次のピンインを漢字に直し、日本語に訳しましょう。

(1)　Wǒ yǒu yí ge mèimei.

＿＿＿＿＿＿＿＿＿＿＿＿＿＿＿＿＿＿＿＿＿＿＿

(2)　Nǐ zài nǎr dǎgōng?

＿＿＿＿＿＿＿＿＿＿＿＿＿＿＿＿＿＿＿＿＿＿＿

(3)　Wǒ bú shì èrshí suì.

＿＿＿＿＿＿＿＿＿＿＿＿＿＿＿＿＿＿＿＿＿＿＿

048

1 音声を聞いて読まれた順に1～3の番号を □ に記し、さらに通訳しましょう。

⑴ 那儿是公司吗？ □

⑵ 这儿有食堂吗？ □

⑶ 哪儿有超市？ □

2 空欄を埋めて、日本語に訳しましょう。

⑴ 你今年（　　　　　）？　➡　我今年（　　　　　）。

　　日本語訳 ....

⑵ 我要一（　　　　　）乌龙茶。

　　日本語訳 ....

⑶ 你（　　　　　）超市工作吗？　➡　不，我（　　　　　）在超市工作。

　　日本語訳 ....

3 次の日本語を中国語に訳しましょう。

⑴ ご家族は何人ですか。

....

⑵ 姉は食堂で働いていません。

....

⑶ 彼はスーパーマーケットでアルバイトをします。

....

第 **4** 课 想 逛 美食街
Dì sì kè

Xiǎng guàng měishí jiē

本文 劉佳さんは留学生ではなく、旅行で日本に来ている。 🔊 049

阿部： 诶?! 你 不 是 留学生 吗？
Éi?! Nǐ bú shì liúxuéshēng ma?

刘佳： 不 是，我 来 旅游。
Bú shì, wǒ lái lǚyóu.

阿部： 明天 你 想 去 哪儿？
Míngtiān nǐ xiǎng qù nǎr?

刘佳： 我 想 逛 美食街。
Wǒ xiǎng guàng měishí jiē.

阿部： 我 带 你 去 吧。
Wǒ dài nǐ qù ba.

刘佳： 太 好 了！几 点 去？
Tài hǎo le! Jǐ diǎn qù?

阿部： 十二 点 半，怎么样？
Shí'èr diǎn bàn, zěnmeyàng?

刘佳： 好，一言为定。
Hǎo, yì yán wéi dìng.

 新出語句 🔊 050

1. 想 xiǎng 助動 ～したい、～したいと思う
2. 逛 guàng 動 ぶらぶらする、見物する
3. 美食街 měishí jiē 名 グルメ通り
4. 诶 éi 感 (話題を変えたり、不審や問いただす意を表わす) ねえ、あれ、おや
5. 留学生 liúxuéshēng 名 留学生
6. 来 lái 動 来る
7. 旅游 lǚyóu 動 旅行する、観光する
8. 明天 míngtiān 名 明日
9. 去 qù 動 行く
10. 带 dài 動 引き連れる、持つ
11. 吧 ba 助 提案や推測などの語気を表わす
12. 太～了 tài～le たいへん～である、あまりにも～すぎる
13. 点 diǎn 量 (時間の単位) ～時
14. 半 bàn 数 (時間の単位) 半 = 30分
15. 怎么样 zěnmeyàng 疑代 どうですか
16. 一言为定 yì yán wéi dìng 成 (一度約束したことは必ず守る) よし決めた、必ずだよ

052

Point 1 連動文　主語＋動詞１（＋目的語）＋動詞２（＋目的語）

一つの主語に対して動詞が二つ（以上）ある。

(1) 他 去 食堂 吃 午饭。
　　Tā　qù　shítáng chī　wǔfàn.

(2) 我 坐 地铁 去 大学。
　　Wǒ zuò　dìtiě　qù　dàxué.

(3) 她 不 坐 地铁 去 公司。
　　Tā　bú　zuò　dìtiě　qù　gōngsī.

 053

Point 2 助動詞"想"　主語＋"想"＋動詞　「〜したい、〜したいと思う」

(1) 我 想 吃 中国菜。
　　Wǒ xiǎng chī Zhōngguócài.

(2) 你 想 去 旅游 吗?
　　Nǐ xiǎng qù　lǚyóu　ma?

(3) 我 不 想 去 旅游。　💡 否定詞は"想"の前に置く。
　　Wǒ　bù　xiǎng qù　lǚyóu.

 即練習　次の文を中国語に直しましょう。

❶ 私は日本料理を食べたいです。

....

❷ 父は地下鉄で会社に行きます。

....

 051

ポイントの新出語句

① 吃 chī　動食べる
② 午饭 wǔfàn　名昼食
③ 坐 zuò　動乗る、座る
④ 地铁 dìtiě　名地下鉄
⑤ 菜 cài　名料理

⑥ 快 kuài　副早く、急いで
⑦ 分 fēn　量(時間の単位)〜分
⑧ 零 líng　数ゼロ、端数の追加を表わす
⑨ 差 chà　動(〜分)前、不足する
⑩ 现在 xiànzài　名現在、いま

3 語気助詞 "吧"「～でしょう、～しましょう、～したら（～してください）」

文末に置かれ、主に同意（承知）や提案（勧誘）、推測、軽い命令等の語気を表わす。

(1) 好 吧。 　　　　　（同意）
　　 Hǎo ba.

(2) 我们 去 旅游 吧。 （提案）
　　 Wǒmen qù lǚyóu ba.

(3) 他 不 打工 吧。 　（推測）
　　 Tā bù dǎgōng ba.

(4) 你 快 去 吧。 　　（軽い命令）
　　 Nǐ kuài qù ba.

 4 時刻の言い方

8:00 八 点　　　　　 12:15 十二 点 十五 分
　　 bā diǎn　　　　　　　　 shí'èr diǎn shíwǔ fēn

2:07 两 点（零）七 分
　　 liǎng diǎn (líng) qī fēn

4:30 四 点 半 ＝ 四 点 三十 分
　　 sì diǎn bàn　 sì diǎn sānshí fēn

6:50 六 点 五十 分 ＝ 差 十 分 七 点
　　 liù diǎn wǔshí fēn　　 chà shí fēn qī diǎn

现在 几 点？ ➡ 现在 十 点 二十（分）。　　💡 最後の単位は省略できる。
Xiànzài jǐ diǎn?　 Xiànzài shí diǎn èrshí (fēn).

🐬 **即練習** 次の文を中国語に直しましょう。

❶ 彼は行きたがらないでしょう。

_____

❷ 今は9時5分前です。

_____

1 イラストの語句を使って、下線部を置き換え練習しましょう。 056

1

小笼包
xiǎolóngbāo

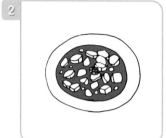

2

麻婆豆腐
mápó dòufu

3

北京烤鸭
Běijīng kǎoyā

(1)　A：你　想　吃　什么？
　　　　Nǐ xiǎng chī shénme?

　　　B：我　想　吃　中国菜。
　　　　Wǒ xiǎng chī Zhōngguócài.

　　　C：我　不　想　吃　中国菜。
　　　　Wǒ bù xiǎng chī Zhōngguócài.

4

七点　起床
qī diǎn qǐchuáng

5

九点　上课
jiǔ diǎn shàngkè

6

十一点　睡觉
shíyī diǎn shuìjiào

(2)　A：你　几　点　吃　午饭？
　　　　Nǐ jǐ diǎn chī wǔfàn?

　　　B：我　十　二　点　半　吃　午饭。
　　　　Wǒ shí'èr diǎn bàn chī wǔfàn..

時を表わす言葉 057

前天（一昨日）　　昨天（昨日）　　今天（今日）　　明天（明日）　　后天（明後日）
qiántiān　　　　　zuótiān　　　　　jīntiān　　　　　míngtiān　　　　　hòutiān

早上（朝）　　上午（午前）　　中午（昼）　　下午（午後）　　傍晚（夕方）　　晚上（夜）
zǎoshang　　　shàngwǔ　　　　zhōngwǔ　　　xiàwǔ　　　　　bàngwǎn　　　　wǎnshang

2 自分の一日の生活パターンを言ってみましょう。

我 ＿＿＿＿＿＿＿ 起床，＿＿＿＿＿＿＿ 吃早饭。　　＊早饭 zǎofàn：朝食

＿＿＿＿＿＿＿ 去学校，＿＿＿＿＿＿＿ 上课。
　　　　　　xuéxiào

＿＿＿＿＿＿＿ 吃午饭。＿＿＿＿＿＿＿ 睡觉。

3 中国語の発音を聞いて、語句を書き取りましょう。　　🔊 058

漢字	ピンイン		漢字	ピンイン
(1) ＿＿＿＿	＿＿＿＿	(4) ＿＿＿＿	＿＿＿＿	
(2) ＿＿＿＿	＿＿＿＿	(5) ＿＿＿＿	＿＿＿＿	
(3) ＿＿＿＿	＿＿＿＿	(6) ＿＿＿＿	＿＿＿＿	

4 下記の日本語の意味になるように、語句を並べ替えましょう。

(1) 今日、私たちはベトナム料理を食べに行きましょう。
【越南菜 / 吃 / 今天 / 吧 / 去 / 我们 / 。】

＿＿＿＿＿＿＿＿＿＿＿＿＿＿＿＿＿＿＿＿＿＿＿

(2) 私は地下鉄で学校に行きません。
【学校 / 地铁 / 坐 / 我 / 去 / 不 / 。】

＿＿＿＿＿＿＿＿＿＿＿＿＿＿＿＿＿＿＿＿＿＿＿

(3) あなたは中国に旅行に行きたいですか。
【你 / 去 / 旅游 / 想 / 吗 / 中国 / ？】

＿＿＿＿＿＿＿＿＿＿＿＿＿＿＿＿＿＿＿＿＿＿＿

1 音声を聞いて読まれた順に1〜3の番号を □ に記し、さらに通訳しましょう。

(1) 阿部七点二十分起床。 □

(2) 阿部八点半去学校。 □

(3) 阿部晚上十二点睡觉。 □

2 空欄を埋めて、日本語に訳しましょう。

(1) 下午我们（　　　　　）地铁去美食街（　　　　　）。

　　日本語訳 ....

(2) 你（　　　　　）吃小笼包吗？ ➡ 不，我（　　　　　）想吃小笼包。

　　日本語訳 ....

(3) 我们十一（　　　　　）半去，怎（　　　　　）样？

　　日本語訳 ....

3 次の日本語を中国語に訳しましょう。

(1) 私も旅行に行きたいです。

....

(2) 明日午前10時はどうですか。

....

(3) 明日グルメ通りに連れてあげましょう。

....

第 **5** 课 汉语 很 有 意思

Dì wǔ kè

Hànyǔ hěn yǒu yìsi

本文 劉佳さんと阿部さんは中国語や中国の話で盛り上がっている。 🔊 060

刘佳： 你 的 汉语 真 好。
Nǐ de Hànyǔ zhēn hǎo.

阿部： 哪里 哪里。
Nǎli nǎli.

刘佳： 汉语 难 吗？
Hànyǔ nán ma?

阿部： 不 太 难，很 有 意思。
Bú tài nán, hěn yǒu yìsi.

刘佳： 你 去过 中国 吗？
Nǐ qùguo Zhōngguó ma?

阿部： 没 去过。很 想 去 看看。
Méi qùguo. Hěn xiǎng qù kànkan.

刘佳： 你 去 的 时候，我 当 你 的 导游 吧。
Nǐ qù de shíhou, wǒ dāng nǐ de dǎoyóu ba.

阿部： 那 就 拜托 了！
Nà jiù bàituō le!

新出語句 🔊 061

1. 有意思 yǒu yìsi ⑦面白い
2. 的 de ㊙〜の…、〜する…
3. 真 zhēn 圖本当に
4. 哪里哪里 nǎli nǎli どういたしまして、とんでもない
5. 难 nán 圏難しい
6. 不太 bú tài あまり〜ではない
7. 过 guo ㊙〜したことがある
8. 没 méi 圖〜しなかった、〜していない
9. 看 kàn 働見る、読む
10. 时候 shíhou 图とき
11. 当 dāng 働〜なる
12. 导游 dǎoyóu 图・働案内人、案内をする
13. 那 nà 圉それでは、それなら
14. 就 jiù 圖すぐ、（条件等を受け）すると、ならば〜だ
15. 拜托 bàituō 働お願いする

Point 1 助詞 "的"

A (名詞・代名詞)+"的"+名詞 「～の…」

(1) 这 是 阿部 的 学生证。
Zhè shì Ābù de xuéshēngzhèng.

(2) 他 是 我 弟弟。💡家族や親しい人間関係・所属する会社・学校の場合は普通 "的" を入れない。
Tā shì wǒ dìdi.

B (動詞・動詞フレーズ)+"的"+名詞 「～する…」

(1) 来 日本 的 留学生 (2) 去 观光 的 人
lái Rìběn de liúxuéshēng qù guānguāng de rén

(3) 这 是 妈妈 买 的 小笼包。
Zhè shì māma mǎi de xiǎolóngbāo.

（◀）064

Point 2 形容詞述語文 主語+"很"+形容詞

肯定文 汉语 很 难。 💡肯定文では "很" を形容詞とペアのように用いる。
Hànyǔ hěn nán. "很" は強く発音しない限り、「とても」の意味はない。

否定文 汉语 不 难。
Hànyǔ bù nán. ⎫
⎬ 💡否定文と疑問文では "很" を入れる必要はない。
疑問文 汉语 难 吗？ ⎭
Hànyǔ nán ma?

 即練習 次の文を中国語に直しましょう。

❶ これはあなたの学生証ですか。

_____

❷ 日本語はあまり難しくありません。

_____

3 動態助詞 "过"　主語 + 動詞 + "过"（+ 目的語）　「～したことがある」

"过"は動詞の後に置いて、過去の経験を表わす。否定文は副詞 "没（有）" を用いる。

(1)　我　爸爸　去过　中国。
　　　Wǒ　bàba　qùguo　Zhōngguó.

(2)　我　姐姐　也　学过　汉语。
　　　Wǒ　jiějie　yě　xuéguo　Hànyǔ.

(3)　你　吃过　日本　的　拉面　吗？　➡　我　没　吃过。
　　　Nǐ　chīguo　Rìběn　de　lāmiàn　ma?　　　Wǒ　méi　chīguo.

 4 動詞の重ね型　「ちょっと～する、～してみる」

(1)　请　等等。
　　　Qǐng děngdeng.

💡 1音節の動詞は重ねた間に "一" を入れてもよい。
　　等一等 děng yi děng
　　尝一尝 cháng yi cháng

(2)　您　尝尝。
　　　Nín chángchang.

(3)　我们　休息休息　吧。
　　　Wǒmen　xiūxixiūxi　ba.

 　即練習　次の文を中国語に直しましょう。

❶　私は中国に行ったことがありません。

_____

❷　私たちは食堂でちょっと休憩しましょう。

_____

🔊 062

ポイントの新出語句

❶ 学生证 xuéshēngzhèng　名 学生証
❷ 观光 guānguāng　動 観光する
❸ 买 mǎi　動 買う
❹ 拉面 lāmiàn　名 ラーメン

❺ 请 qǐng　動 どうぞ～してください
❻ 等 děng　動 待つ
❼ 尝 cháng　動 味わう、味をみる
❽ 休息 xiūxi　動 休む、休憩する

1 イラストの語句を使って、下線部を置き換え練習しましょう。 067

1

饺子　好吃
jiǎozi　hǎochī

2

果汁　好喝
guǒzhī　hǎohē

3

音乐　好听
yīnyuè　hǎotīng

(1) A: 汉语 难 吗?
　　　Hànyǔ nán ma?

　　B: 汉语 很 难。
　　　Hànyǔ hěn nán.

　　C: 汉语 不 太 难。
　　　Hànyǔ bú tài nán.

4

非洲
Fēizhōu

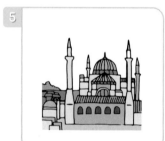

5

土耳其
Tǔ'ěrqí

6

夏威夷
Xiàwēiyí

(2) A: 你 去过 中国 吗?
　　　Nǐ qùguo Zhōngguó ma?

　　B: 我 去过 中国。
　　　Wǒ qùguo Zhōngguó.

　　C: 我 没(有) 去过 中国。
　　　Wǒ méi(yǒu) qùguo Zhōngguó.

2 次の質問に自身のこと＆感想を答えてみましょう。

(1) 问：汉语难吗？

　　我：..

(2) 问：你吃过中国菜吗？

　　我：..

(3) 问：你去过中国吗？

　　我：..

3 中国語の発音を聞いて、語句を書き取りましょう。　　🔊 068

漢字	ピンイン	漢字	ピンイン
(1)	....	(4)	....
(2)	....	(5)	....
(3)	....	(6)	....

4 下記の日本語の意味になるように、語句を並べ替えましょう。

(1) これは友達が買ったジュースです。
【朋友 / 是 / 的 / 果汁 / 这 / 买 / 。】

....

(2) あなたは北京ダックを食べたことがありますか。
【北京烤鸭 / 过 / 你 / 吗 / 吃 / ？】

....

(3) どうぞここで少し休んでください。
【这里 / 请 / 休息 / 吧 / 在 / 休息 / 。】

....

069

1 音声を聞いて読まれた順に1～3の番号を □ に記し、さらに通訳しましょう。

(1) 英语不太难。 □

(2) 日语很有意思。 □

(3) 汉语也不太难。 □

2 空欄を埋めて、日本語に訳しましょう。

(1) 我妈妈去（　　　　　）中国。我（　　　　　）去过中国。

日本語訳 ....

(2) 我（　　　　　）想去非洲看（　　　　　）。

日本語訳 ....

(3) 你来日本（　　　　　）时候，我当你（　　　　　）导游。

日本語訳 ....

3 次の日本語を中国語に訳しましょう。

(1) じゃ、お願いします。

....

(2) 私はとても中国に行ってみたいです。

....

(3) 彼の中国語はあまり上手ではありません。

....

第 **6** 课
Dì liù kè

中国 见
Zhōngguó jiàn

本文 楽しい旅行が終わり、明日劉佳さんは帰国する。 🔊 070

刘佳: **你 一直 陪 我，谢谢 你！**
Nǐ yìzhí péi wǒ, xièxie nǐ!

阿部: **你 教 我 汉语，我 应该 感谢 你。**
Nǐ jiāo wǒ Hànyǔ, wǒ yīnggāi gǎnxiè nǐ.

刘佳: **我们 是 朋友，别 客气。**
Wǒmen shì péngyou, bié kèqi.

阿部: **明天 几 点 的 飞机？**
Míngtiān jǐ diǎn de fēijī?

刘佳: **早上 十 点 的。**
Zǎoshang shí diǎn de.

阿部: **学校 有 事，不 能 送 你。**
Xuéxiào yǒu shì, bù néng sòng nǐ.

刘佳: **没 关系，中国 见。**
Méi guānxi, Zhōngguó jiàn.

阿部: **好 的。 一路 平安！**
Hǎo de. Yí lù píng'ān!

 新出語句 🔊 071

① 见 jiàn 動 会う
② 一直 yìzhí 副 ずっと、まっすぐ
③ 陪 péi 動 付き添う、お供をする
④ 教 jiāo 動 (知識や技術などを)教える
⑤ 应该 yīnggāi 助動 ～すべきである
⑥ 感谢 gǎnxiè 動 感謝する
⑦ 别 bié 副 ～するな、～しないで
⑧ 客气 kèqi 形 遠慮する

⑨ 飞机 fēijī 名 飛行機
⑩ 的 de 助 ～の物、～の人
⑪ 事 shì 名 用事、事柄
⑫ 能 néng 助動 ～することができる
⑬ 送 sòng 動 見送る、贈る
⑭ 没关系 méi guānxi かまわない、大丈夫だ
⑮ 好的 hǎo de (同意や了承を表す)よろしい、分かった
⑯ 一路平安 yí lù píng'ān 成 道中無事である

1 二重目的語 動詞＋目的語1（人）＋目的語2（事物） 「〜は…に…をする」

人が前、人以外のものは後に置かれる。

(1) 朋友 送 我 一 个 礼物。
Péngyou sòng wǒ yí ge lǐwù.

(2) 请 告诉 我 你 的 电话 号码。
Qǐng gàosu wǒ nǐ de diànhuà hàomǎ.

(3) 老师 教 你们 什么? ➡ 老师 教 我们 汉语。
Lǎoshī jiāo nǐmen shénme? Lǎoshī jiāo wǒmen Hànyǔ.

074

2 禁止を表わす"别"と"不要" 「〜するな、〜しないで」

(1) 你 别 担心。
Nǐ bié dānxīn.

(2) 请 不要 说话。
Qǐng búyào shuōhuà.

(3) 上课 的 时候 别 看 手机。
Shàngkè de shíhou bié kàn shǒujī.

即練習 次の文を中国語に直しましょう。

① 私は友達にプレゼントを一つ送りました。

_____

② 授業中に漫画を見ないでください。　　※漫画：漫画 mànhuà

_____

 072

ポイントの新出語句

① 礼物 lǐwù 图贈り物、プレゼント
② 告诉 gàosu 動知らせる、教える
③ 电话号码 diànhuà hàomǎ ヲ電話番号
④ 担心 dānxīn 動心配する
⑤ 说话 shuōhuà 動話をする
⑥ 国际 guójì 图国際
⑦ 一个人 yí ge rén ヲ一人（で）
⑧ 酒 jiǔ 图酒
⑨ 开车 kāichē 動車を運転する

"的"構文 「～の物、～の人」

構造助詞"的"は名詞・形容詞・動詞・代名詞などの後につけ、名詞の代わりをする。

(1) 这 是 谁 的? ➡ 这 是 我 的。
Zhè shì shéi de? Zhè shì wǒ de.

(2) 我 是 国际 大学 的。
Wǒ shì Guójì Dàxué de.

(3) 这 是 你 买 的 吗? ➡ 不 是 我 买 的。
Zhè shì nǐ mǎi de ma? Bú shì wǒ mǎi de.

 助動詞"能" 主語 + "能" + 動詞 「～することができる」

動詞の前に置かれ、能力、客観的な条件や事情、ルールなどによってできることを表わす。

(1) 你 能 来 吗?
Nǐ néng lái ma?
➡ 我 能 来。
Wǒ néng lái.

我 有 事,不 能 来。
Wǒ yǒu shì, bù néng lái.

(2) 你 一 个 人 能 去 吗? ➡ 我 能 去。
Nǐ yí ge rén néng qù ma? Wǒ néng qù.

(3) 他 喝 酒 了,不 能 开车。
Tā hē jiǔ le, bù néng kāichē.

即練習 次の文を中国語に直しましょう。

❶ これは私のではなくて、姉のです。

_____

❷ 彼は20歳になったので、お酒が飲めます。

_____

1 イラストの語句を使って、下線部を置き換え練習しましょう。 077

照相
zhàoxiàng

进 草坪
jìn cǎopíng

抽烟
chōuyān

(1) A: 请 不要 说话。
　　　Qǐng búyào shuōhuà.

　　 B: 噢，对不起。
　　　 Ō, duìbuqǐ.

※对不起：すみません

两 本 书
liǎng běn shū

一 条 围巾
yì tiáo wéijīn

一 件 毛衣
yí jiàn máoyī

(2) A: 你 想 送 他 / 她 什么?
　　　Nǐ xiǎng sòng tā　　shénme?

　　 B: 我 想 送 他 / 她 一 个 礼物。
　　　Wǒ xiǎng sòng tā　　yí ge lǐwù.

曜日の言い方　　　　　　　　　　　　　　　　　　　　　　 078

星期一　　　星期二　　　星期三　　　星期四　　　星期五　　　星期六　　　星期天（日）
xīngqīyī　　 xīngqī'èr　　xīngqīsān　 xīngqīsì　　xīngqīwǔ　　xīngqīliù　　xīngqītiān(rì)

今天 星期 几?　⇒　今天 星期二。
Jīntiān xīngqī jǐ?　　Jīntiān xīngqī'èr.

2 本文に基づいて会話をしてみましょう。

(1) A： 你一直陪我，谢谢你！

B： _____

(2) A： 明天几点的飞机？

B： _____

(3) A： 学校有事，不能送你。

B： _____

3 中国語の発音を聞いて、語句を書き取りましょう。　　　　　🔊 079

漢字	ピンイン		漢字	ピンイン
(1) _____	_____	(4) _____	_____	
(2) _____	_____	(5) _____	_____	
(3) _____	_____	(6) _____	_____	

4 下記の日本語の意味になるように、語句を並べ替えましょう。

(1) この本は誰が買ったのですか。
【 的 / 是 / 这 / 买 / 本 / 谁 / 书 / ？】

_____

(2) 今日は用事があるので、お供をすることができません。
【 今天 / 你 / 我 / 陪 / 不 / 有 / 事 / 能 / ， / 。】

_____

(3) 阿部さんは友人に綺麗＊なスカーフを贈りました。
【 朋友 / 漂亮 / 阿部 / 围巾 / 一条 / 的 / 送 / 。】　　　　　☆漂亮 piàoliang

_____

080

1 音声を聞いて読まれた順に1～3の番号を ☐ に記し、さらに通訳しましょう。

(1) 老师送阿部两本汉语书。 ☐

(2) 阿部送刘佳一条围巾。 ☐

(3) 刘佳送阿部一件毛衣。 ☐

2 空欄を埋めて、日本語に訳してみましょう。

(1) 请（　　　　　）担心，我一个人（　　　　　）去。

日本語訳 ....

(2) 今天你喝酒（　　　　　），不（　　　　　）开车。

日本語訳 ....

(3) 刘佳（　　　　　）阿部汉语，阿部很（　　　　　）她。

日本語訳 ....

3 次の日本語を中国語に訳しましょう。

(1) 私はあなたに感謝すべきです。

....

(2) 私たちはお友達なので、遠慮しないでください。

....

(3) ずっと付き添ってくれて、ありがとうございます。

....

第 **7** 课
Dì qī kè

介绍 朋友
Jièshào péngyou

本文 自分の目で中国を見てみたいという阿部さんの願いが果たされ、彼は中国に来ている。 🔊 081

刘佳： 介绍 一下， 这 位 是 我 的 朋友。
Jièshào yíxià, zhè wèi shì wǒ de péngyou.

阿部： 大家 好！ 请 多 关照。
Dàjiā hǎo! Qǐng duō guānzhào.

同学A： 阿部， 欢迎 你！
Ābù, huānyíng nǐ!

同学B： 听说 你 的 汉语 很 棒。
Tīngshuō nǐ de Hànyǔ hěn bàng.

刘佳： 我们 去 食堂 吃饭 吧。
Wǒmen qù shítáng chīfàn ba.

同学A： 吃了 饭， 带 阿部 逛逛 校园。
Chīle fàn, dài Ābù guàngguang xiàoyuán.

阿部： 我 还 想 参观 图书馆。
Wǒ hái xiǎng cānguān túshūguǎn.

刘佳： 那 没 问题， 我 陪 你 去。
Nà méi wèntí, wǒ péi nǐ qù.

 新出語句 🔊 082

1. 介绍 jièshào 動 紹介する
2. 一下 yíxià 数量 ちょっと、少し
3. 位 wèi 量 (敬意をもって人を数える) 〜方
4. 大家 dàjiā 代 みんな、みなさん
5. 请多关照 qǐng duō guānzhào
　　どうぞよろしく (关照：面倒をみる)
6. 同学 tóngxué 名 クラスメート
7. 欢迎 huānyíng 動 歓迎する
8. 听说 tīngshuō 動 (挿入語として) 聞くところに

　　よると〜だそうだ
9. 棒 bàng 形 すごい、素晴らしい、うまい
10. 了 le 助 〜した
11. 校园 xiàoyuán 名 キャンパス、校庭
12. 还 hái 副 まだ、さらに、ほかに
13. 参观 cānguān 動 見学する、参観する
14. 图书馆 túshūguǎn 名 図書館
15. 那 nà 代 それ、あれ
16. 没问题 méi wèntí フ 問題ない、大丈夫だ

55

動量補語 | 主語 ＋ 動詞 ＋ 動量補語（＋目的語）

(1) 我们 商量 一下 吧。
　　Wǒmen shāngliang yíxià　ba.

(2) 我 去 一 趟 银行。
　　Wǒ qù yí tàng yínháng.

　　🔔 目的語が代名詞の場合、動量補語は目的語の後ろに置く。

　　　　主語＋動詞＋目的語＋動量補語

(3) 你 等 我 一下。
　　Nǐ děng wǒ yíxià.

 085

 指示代名詞

近称（これ、この）	遠称（それ、あれ、その、あの）	疑問（どれ、どの）
这　　这个 zhè　zhège/zhèige	那　　那个 nà　　nàge/nèige	哪　　哪个 nǎ　　nǎge/něige

※ 目的語になる時は、"这个""那个""哪个"しか使えない。

(1) 这 是 我 的 好 朋友。
　　Zhè shì wǒ de hǎo péngyou.

(2) 那个 电影 怎么样？
　　Nèige diànyǐng zěnmeyàng?

(3) 我 要 这个。（我要这。×）
　　Wǒ yào zhèige.

 即練習 次の文を中国語に直しましょう。

❶ これは妹と弟です。

....

❷ ちょっと学校に行って来ます。

....

3 挿入語 "听说〜" 「聞くところによると〜だそうだ」

(1) 听说 她 是 律师。
　　Tīngshuō tā　shì　lùshī.

(2) 听说 他 女朋友 很 漂亮。
　　Tīngshuō tā　nǚpéngyou hěn piàoliang.

(3) 听 老师 说 这 本 书 很 好。　　💡 情報源を示すこともできる。
　　Tīng lǎoshī shuō zhè běn shū hěn hǎo.

 4 動態助詞 "了"　動詞 +"了"+ 目的語　「〜した」

"了" は動詞の後に置かれ、動作や行為の完了を表わす。否定文は副詞 "没（有）" を用いる。

(1) 我 哥哥 买了 一 辆 汽车。
　　Wǒ　gēge　mǎile　yí liàng qìchē.

(2) 昨天 他 没 去 学校。　　💡 "了" をつけない。
　　Zuótiān tā　méi qù　xuéxiào.

(3) 下了 课，我们 去 打 棒球。　　💡 未来（仮定）のことも表わすことができる。
　　Xiàle　kè,　wǒmen qù　dǎ　bàngqiú.

 即練習 次の文を中国語に直しましょう。

❶ 私は売店でジュースを買いました。

_____

❷ 聞くところによると、彼は中国に留学に行くそうです。　　※留学 liúxué：留学する

_____

ポイントの新出語句

❶ 商量 shāngliang　動 相談する
❷ 趟 tàng　量 (1往復)回、度
❸ 银行 yínháng　名 銀行
❹ 电影 diànyǐng　名 映画
❺ 律师 lùshī　名 弁護士
❻ 女朋友 nǚpéngyou　名 彼女、ガールフレンド
❼ 辆 liàng　量 〜台
❽ 汽车 qìchē　名 車、自動車
❾ 下课 xiàkè　動 授業が終わる
❿ 打棒球 dǎ bàngqiú　フ 野球をする

1 イラストの語句を使って、下線部を置き換え練習しましょう。 088

飞行员
fēixíngyuán

足球选手
zúqiú xuǎnshǒu

医生
yīshēng

(1) A: 听说 她 / 他 是 律师。
Tīngshuō tā shì lùshī.

B: 是 吗? 很 棒!
Shì ma? Hěn bàng!

※是吗：そうですか

一双运动鞋
yì shuāng yùndòngxié

一件衣服
yí jiàn yīfu

一条牛仔裤
yì tiáo niúzǎikù

(2) A: 你 买了 什么?
Nǐ mǎile shénme?

B: 我 买了 一 杯 红茶。
Wǒ mǎile yì bēi hóngchá.

C: 我 没(有) 买 红茶。
Wǒ méi(yǒu) mǎi hóngchá.

2 役を分担して自由に会話をしてみましょう。

(1) A： 介绍一下，这位是我的朋友。

B： _____

(2) A： 听说你的汉语很棒。

B： _____

(3) A： 我想参观你们校园。

B： _____

3 中国語の発音を聞いて、語句を書き取りましょう。　　　　　🔊 089

漢　字	ピンイン		漢　字	ピンイン
(1) _____	_____	(4) _____	_____
(2) _____	_____	(5) _____	_____
(3) _____	_____	(6) _____	_____

4 下記の日本語の意味になるように、語句を並べ替えましょう。

(1) 聞くところによると、彼はスペイン語も学びたいそうです。
【 西班牙语 / 听说 / 还 / 学 / 他 / 想 / 。】　　　　　☆西班牙语 Xībānyáyǔ

_____

(2) 食事をしたら、彼らは阿部さんを連れて図書館に行きます。
【 阿部 / 他们 / 图书馆 / 带 / 吃 / 去 / 饭 / 了 / , / 。】

_____

(3) 私たちはちょっと彼女を待ちましょう。
【 她 / 我们 / 吧 / 一下 / 等 / 。】

_____

🔊 090

1 音声を聞いて（　）を埋め、さらに通訳しましょう。

⑴ 医生买了一（　　　　　）牛仔裤。

⑵ 律师买了一（　　　　　）汽车。

⑶ 选手买了一（　　　　　）运动鞋。

2 空欄を埋めて、日本語に訳しましょう。

⑴ 我介绍（　　　　　），这（　　　　　）是我的老师。

日本語訳

⑵ 阿部的朋友们想吃（　　　　）饭，带他逛（　　　　）校园。

日本語訳

⑶ （　　　　）她买（　　　　）一件漂亮的毛衣。

日本語訳

3 次の日本語を中国語に訳しましょう。

⑴ この方は私の中国人友達です。

⑵ 皆さんこんにちは！よろしくお願いします。

⑶ 聞くところによると、彼は車を買ったそうです。

新装版 はじめての中国語学習辞典　相原 茂[編著]　B6変型判/776頁

◆ 見出し語1万1千
◆ 見やすい2色刷
◆ 辞書に「参考書」の要素をプラス
◆ 「発音マスター」WEB動画(サーバー)&音声DLアプリ

1. すべての中国語にピンインローマ字つき。
2. 重要語は3ランクに分けマークで表示。
3. 文法コラム、語法コラムの充実。
4. すべての見出し単語に品詞名を明示。
5. 類義語を重視し、「目で見る類義語」の創設。
6. 「百科知識」で文化、習慣を分かりやすく解説。
7. コミュニケーションに役立つ「表現Chips」。
8. 目で見る逆引き単語帳「逆引きウインドウズ」。
9. 中国のベテラン画家による豊富なイラスト。
10. 中国語学習に必要で便利な付録の充実。

中国語学習シソーラス辞典　相原 茂[編]　B6判/880頁

◆ 類義グループをなす常用語を集めた初の中国語シソーラス辞典。
◆ 日本語インデックス1400余、中国語見出し語数は約11000語。
◆ すべての例文にピンイン、訳をつけ初級者からでも使える。
◆ スピーキングやライティングにおける類義語の正しい使い分けに。
◆ 仕事での中国語のメールや文章を書く機会が多い人にも最適。
◆ 語彙力の増強ができ、ボキャブラリービルディングにも有効。
◆ 巻末には検索の便を図り、全見出し語から引ける索引を用意。

第 **8** 课 谈 爱好
Dì bā kè
Tán àihào

阿部： 哇！ 跳 广场舞 的 人 太 多 了。
Wā! Tiào guǎngchǎngwǔ de rén tài duō le.

刘佳： 非常 热闹 吧。
Fēicháng rènao ba.

阿部： 诶，你 的 爱好 是 什么？
Éi, nǐ de àihào shì shénme?

刘佳： 我 喜欢 体育 运动。
Wǒ xǐhuan tǐyù yùndòng.

阿部： 你 会 打 网球 吗？
Nǐ huì dǎ wǎngqiú ma?

刘佳： 会 打。 你 喜欢 打 网球 吗？
Huì dǎ. Nǐ xǐhuan dǎ wǎngqiú ma?

阿部： 是 的。 我们 打 一 次，好 不 好？
Shì de. Wǒmen dǎ yí cì, hǎo bu hǎo?

刘佳： 好 啊！ 学校 的 操场 可以 打。
Hǎo a! Xuéxiào de cāochǎng kěyǐ dǎ.

 新出語句  ◀)) 092

① 谈 tán 動 語る、話す
② 爱好 àihào 名 趣味
③ 哇 wā 感 ああ、わあ
④ 跳 tiào 動 踊る
⑤ 广场舞 guǎngchǎngwǔ 名 広場ダンス
⑥ 非常 fēicháng 副 非常に、たいへん
⑦ 热闹 rènao 形 にぎやかである
⑧ 喜欢 xǐhuan 動 好きである、好む

⑨ 体育运动 tǐyù yùndòng フ スポーツ
⑩ 打网球 dǎ wǎngqiú フ テニスをする
⑪ 会 huì 助動 ～することができる
⑫ 是的 shì de そうです
⑬ 次 cì 量 ～回、～度
⑭ 操场 cāochǎng 名 グラウンド、運動場
⑮ 可以 kěyǐ 助動 ～してもよい、～することができる

Point 1 　動詞 "喜欢" 「〜が好きである」「〜するのが好きである」

(1) 他　喜欢　你。
　　Tā　xǐhuan　nǐ.

(2) 我　喜欢　体育　运动。
　　Wǒ　xǐhuan　tǐyù　yùndòng.

💡 "喜欢" ＋ 名詞・代名詞

(3) 你　喜欢　吃　拉面　吗?
　　Nǐ　xǐhuan　chī　lāmiàn　ma?

💡 "喜欢" ＋ 動詞フレーズ

095

Point 2 　助動詞 "会" 　主語 ＋ "会" ＋ 動詞　「〜することができる」

　動詞の前に置かれ、勉強や訓練を通じてできること (主に語学、スポーツ、音楽及び他の技能) を表わす。

(1) 我　会　说　汉语。
　　Wǒ　huì　shuō　Hànyǔ.

(2) 他　会　打　乒乓球。
　　Tā　huì　dǎ　pīngpāngqiú.

(3) 你　会　开车　吗?　➡　我 (不) 会　开车。
　　Nǐ　huì　kāichē　ma?　　Wǒ (bú) huì　kāichē.

即練習　次の文を中国語に直しましょう。

① 彼は野球をするのが好きです。

＿＿＿＿＿＿＿＿＿＿＿＿＿＿＿＿＿＿＿＿＿＿＿＿＿＿＿＿＿＿＿

② 私は卓球ができません。

＿＿＿＿＿＿＿＿＿＿＿＿＿＿＿＿＿＿＿＿＿＿＿＿＿＿＿＿＿＿＿

3 **反復疑問文** 「肯定＋否定」の形で質問をする。

(1) 我们 一起 做, 好 不 好?
　　Wǒmen yìqǐ zuò, hǎo bu hǎo?

(2) 这 附近 有 没有 轻轨?
　　Zhè fùjìn yǒu méiyǒu qīngguǐ?

💡 "吗" といっしょに用いない。

(3) 你 喜欢 不 喜欢 看 动漫?
　　Nǐ xǐhuan bu xǐhuan kàn dòngmàn?

4 **助動詞 "可以"**　主語 + "可以" + 動詞　「～してもよい、～することができる」

許可や可能性を表わす。

(1) 老师, 可以 去 洗手间 吗? ➡ 可以 去。
　　Lǎoshī, kěyǐ qù xǐshǒujiān ma?　Kěyǐ qù.

(2) 这儿 可以 用 银联卡 吗?
　　Zhèr kěyǐ yòng Yínliánkǎ ma?

　　这儿 不 能 用 银联卡。
　　Zhèr bù néng yòng Yínliánkǎ.

💡 否定は "不能" を使う。

 即練習　次の文を中国語に直しましょう。

❶ ご一緒に映画を見に行きませんか。(反復疑問文を用いて)

_____

❷ ここでテニスをしてもいいですか。

_____

ポイントの新出語句

❶ 说 shuō 動言う、話す

❷ 乒乓球 pīngpāngqiú 名卓球

❸ 一起 yìqǐ 副一緒に

❹ 做 zuò 動する、やる、作る

❺ 附近 fùjìn 名付近、近く

❻ 轻轨 qīngguǐ 名電車

❼ 动漫 dòngmàn 名アニメー

❽ 洗手间 xǐshǒujiān 名お手洗い、トイレ

❾ 用 yòng 動用いる、使う

❿ 银联卡 Yínliánkǎ 名銀聯カード (中国の銀行カードの一種)

1 イラストの語句を使って、下線部を置き換え練習しましょう。 098

骑自行车
qí zìxíngchē

滑雪
huáxuě

游泳
yóuyǒng

(1) A: 你 会 开车 吗?
　　　Nǐ huì kāichē ma?

　　B: 我 会 开车。/ 我 不 会 开车。
　　　Wǒ huì kāichē. / Wǒ bú huì kāichē.

录像
lùxiàng

用 闪光灯
yòng shǎnguāngdēng

充电
chōngdiàn

(2) A: 请问，这儿 可以 照相 吗?
　　　Qǐngwèn, zhèr kěyǐ zhàoxiàng ma?

　　B: 对不起，这儿 不 能 照相。
　　　Duìbuqǐ, zhèr bù néng zhàoxiàng.

年月日の言い方 099

一 九 九 六 年
yī jiǔ jiǔ liù nián

二 〇 一 八 年
èr líng yī bā nián

二 〇 二 七 年
èr líng èr qī nián

一月 一 号
yīyuè yī hào

七月 十四 号
qīyuè shísì hào

十二月 三十一 号
shí'èryuè sānshiyī hào

今天 几 月 几 号? ➡ 今天 五 月 八 号。
Jīntiān jǐ yuè jǐ hào?　　Jīntiān wǔyuè bā hào.

2 次の質問に自身のことを答えてみましょう。

(1) 问：你的爱好是什么？

我：＿＿＿＿＿＿＿＿＿＿＿＿＿＿＿＿＿＿＿＿＿＿＿＿＿

(2) 问：你喜欢什么体育运动？

我：＿＿＿＿＿＿＿＿＿＿＿＿＿＿＿＿＿＿＿＿＿＿＿＿＿

(3) 问：你会开车吗？

我：＿＿＿＿＿＿＿＿＿＿＿＿＿＿＿＿＿＿＿＿＿＿＿＿＿

3 中国語の発音を聞いて、語句を書き取りましょう。　🔊 100

漢　字	ピンイン		漢　字	ピンイン
(1) ＿＿＿	＿＿＿	(4) ＿＿＿	＿＿＿
(2) ＿＿＿	＿＿＿	(5) ＿＿＿	＿＿＿
(3) ＿＿＿	＿＿＿	(6) ＿＿＿	＿＿＿

4 最も適当なものを選んで（　　）の中に入れましょう。（同じものは１回しか使えない）

【可以 / 会 / 能】

(1) 我（　　　　　）说汉语和英语。

＿＿＿＿＿＿＿＿＿＿＿＿＿＿＿＿＿＿＿＿＿＿＿＿＿＿＿＿

(2) 他会喝酒，不过☆今天他开车，不（　　　　　）喝酒。　☆不过 búguò：しかし、でも

＿＿＿＿＿＿＿＿＿＿＿＿＿＿＿＿＿＿＿＿＿＿＿＿＿＿＿＿

(3) 请问，这儿（　　　　　）抽烟吗？

＿＿＿＿＿＿＿＿＿＿＿＿＿＿＿＿＿＿＿＿＿＿＿＿＿＿＿＿

🔊 101

1 音声を聞いて読まれた順に1〜3の番号を □ に記し、さらに通訳しましょう。

(1) 刘佳会骑自行车，不会开车。 □

(2) 阿部会开车，也会骑自行车 □

(3) 阿部喜欢打网球，刘佳也会打。 □

2 空欄を埋めて、日本語に訳しましょう。

(1) 刘佳和阿部都（　　　　　）打网球。他们想一起（　　　　　）一次网球。

日本語訳 ....

(2) 这儿（　　　　　）跳广场舞吗？　➡　这儿不（　　　　　）跳。

日本語訳 ....

(3) 你（　　　　　）滑雪吗？　➡　我不（　　　　　）滑雪。

日本語訳 ....

3 次の日本語を中国語に訳しましょう。

(1) スポーツがお好きですか。

....

(2) ご一緒に昼食を食べに行きませんか。（反復疑問文を用いて）

....

(3) ちょっと休んでもいいですか。

....

第 **9** 课

Dì jiǔ kè

向 行人 问路

Xiàng xíngrén wènlù

本文　阿部さんは通行人に道を尋ねている。　🔊 102

阿部： 请问， 去 地铁站 怎么 走？
Qǐngwèn, qù dìtiě zhàn zěnme zǒu?

行人： 这 附近 没有 地铁。
Zhè fùjìn méiyǒu dìtiě.

阿部： 有 轻轨 吗？
Yǒu qīngguǐ ma?

行人： 有， 从 这儿 一直 走。
Yǒu, cóng zhèr yìzhí zǒu.

阿部： 大约 要 多 长 时间？
Dàyuē yào duō cháng shíjiān?

行人： 走着 去， 要 五 分钟 吧。
Zǒuzhe qù, yào wǔ fēnzhōng ba.

阿部： 轻轨站 在 道路 的 左边 吗？
Qīngguǐ zhàn zài dàolù de zuǒbian ma?

行人： 不， 在 右边。 旁边 有 美食街。
Bù, zài yòubian. Pángbiān yǒu měishí jiē.

新出語句 🧭　🔊 103

❶ 向 xiàng [介] ～に、～に向かって
❷ 行人 xíngrén [名] 通行人
❸ 问路 wènlù [動] 道を尋ねる
❹ 站 zhàn [名・動] 駅、立つ
❺ 怎么 zěnme [疑代] どのように、どう
❻ 走 zǒu [動] 歩く、行く
❼ 从 cóng [介] ～から、～より
❽ 大约 dàyuē [副] だいたい、およそ
❾ 要 yào [動] かかる、必要とする

❿ 多长 duō cháng [フ] どれくらいの長さ
⓫ 时间 shíjiān [名] 時間
⓬ 着 zhe [助] ～している、してある
⓭ 分钟 fēnzhōng [量] ～分、～分間
⓮ 在 zài [動] ～にいる、～にある
⓯ 道路 dàolù [名] 道路、道
⓰ 左边 zuǒbian [方位] 左側
⓱ 右边 yòubian [方位] 右側
⓲ 旁边 pángbiān [方位] そば、隣り

105

Point 1 道の尋ね方 "去～怎么走?"「～に行くにはどのように行くか (へはどう行けばいいか)」

(1) 请问，去　轻轨站　怎么　走?
Qǐngwèn, qù qīngguǐ zhàn zěnme zǒu?

(2) 去　医院　怎么　走?　➡　一直　走　就　是。
Qù yīyuàn zěnme zǒu?　　Yìzhí zǒu jiù shì.

(3) 打听　一下，去　邮局　怎么　走?
Dǎtīng yíxià, qù yóujú zěnme zǒu?

 106

Point 2 時量補語　主語 + 動詞 + 時量補語 (+ 目的語)

時量補語は動詞の後に置かれ、動作や状態が持続する時間を表わす。

(1) 你　睡　几(个)　小时?　➡　我　睡　七(个)　小时。
Nǐ shuì jǐ (ge) xiǎoshí?　　Wǒ shuì qī (ge) xiǎoshí.

(2) 我　爷爷　每　天　看　三十　分钟　报纸。
Wǒ yéye měi tiān kàn sānshí fēnzhōng bàozhǐ.

🔔 ただし、目的語が代名詞の場合、時量補語は目的語の後ろに置く。

主語 + 動詞 + 目的語 + 時量補語

(3) 请　等　我　五　分钟。
Qǐng děng wǒ wǔ fēnzhōng.

🐬 **即練習**　次の文を中国語に直しましょう。

❶ お尋ねしますが、銀行へはどう行けばいいですか。

....

❷ あなたは中国語を何時間学習しますか。

....

107

動態助詞"着"　主語＋動詞＋"着"（＋目的語）　「〜している、してある」

"着"は動作や状態の持続、方式を表わす。否定文は"没（有）"を用いる。

(1) 老师 站着, 学生们 坐着。
　　Lǎoshī zhànzhe, xuéshengmen zuòzhe.

(2) 他 走着 去 学校。
　　Tā zǒuzhe qù xuéxiào.

(3) 门 开着 吗? ➡ 门 没 开着。
　　Mén kāizhe ma? 　Mén méi kāizhe.

108

動詞"在"　主語＋"在"＋場所　「AはBにいる（ある）」

(1) 妈妈 在 家 吗? ➡
　　Māma zài jiā ma?

　　　　　妈妈 在 家。
　　　　　Māma zài jiā.

　　　　　妈妈 不 在 家。
　　　　　Māma bú zài jiā.

(2) 你 老家 在 哪儿? ➡ 我 老家 在 东京。
　　Nǐ lǎojiā zài nǎr? 　Wǒ lǎojiā zài Dōngjīng.

 即練習　次の文を中国語に直しましょう。

❶ 彼女は立って本を読むのが好きです。

_____

❷ 私の故郷は〜にあります。（自分の故郷の中国語の発音を調べて、簡体字で書いてください。）

_____

104

ポイントの新出語句

❶ 医院 yīyuàn 名病院
❷ 打听 dǎtīng 動尋ねる
❸ 邮局 yóujú 名郵便局
❹ 小时 xiǎoshí 名(時を数える単位)時間
❺ 每天 měi tiān 名毎日
❻ 报纸 bàozhǐ 名新聞
❼ 门 mén 名門、ドア
❽ 开 kāi 動開ける、開く
❾ 老家 lǎojiā 名生家、故郷
❿ 东京 Dōngjīng 名東京

9

69

1 イラストの語句を使って、下線部を置き換え練習しましょう。 🔊 109

和服
héfú

旗袍
qípáo

西装
xīzhuāng

(1) A: 她 / 他　穿着　什么？
　　　Tā　　chuānzhe shénme?

　　 B: 她 / 他　穿着　牛仔裤。
　　　Tā　　chuānzhe niúzǎikù.

※穿：着る、はく

便利店　轻轨站的旁边
biànlìdiàn

百货商店　地铁站的对面
bǎihuòshāngdiàn　　duìmiàn

药妆店　商店街的里面
yàozhuāngdiàn　　lǐmiàn

(2) A: 请问，医院 在 哪儿？
　　　Qǐngwèn, yīyuàn zài　nǎr?

　　 B: 医院 在　地铁站　的 右边。
　　　Yīyuàn zài　dìtiě zhàn　de　yòubian.

方位詞（方向・位置を表す） 🔊 110

	里 lǐ	外 wài	上 shàng	下 xià	前 qián	后 hòu	左 zuǒ	右 yòu	旁 páng
边儿 bian(r)	里边(儿) [中·内側]	外边(儿) [外側]	上边(儿) [上側]	下边(儿) [下側]	前边(儿) [前側]	后边(儿) [後ろ側]	左边(儿) [左側]	右边(儿) [右側]	旁边(儿) pángbiān(r) [そば·隣り]
面 miàn	里面	外面	上面	下面	前面	后面	左面	右面	对面 duìmiàn [向かい側]

2　役を分担して道案内をしてみましょう。

(1)　A：请问，去轻轨站怎么走？

　　　B：＿＿＿＿＿＿＿＿＿＿＿＿＿＿＿＿＿＿＿＿＿＿＿

(2)　A：大约要多长时间？

　　　B：＿＿＿＿＿＿＿＿＿＿＿＿＿＿＿＿＿＿＿＿＿＿＿

(3)　A：轻轨站的附近有美食街吗？

　　　B：＿＿＿＿＿＿＿＿＿＿＿＿＿＿＿＿＿＿＿＿＿＿＿

3　中国語の発音を聞いて、語句を書き取りましょう。　🔊 111

	漢字	ピンイン		漢字	ピンイン
(1)			(4)		
(2)			(5)		
(3)			(6)		

4　下記の日本語の意味になるように、語句を並べ替えましょう。

(1)　歩いて行くと、だいたいどれくらい時間がかかりますか。
　　【走 / 要 / 去 / 时间 / 多长 / 大约 / 着 / , / ?】

　　＿＿＿＿＿＿＿＿＿＿＿＿＿＿＿＿＿＿＿＿＿＿＿＿＿

(2)　彼女は毎日２時間テレビを見ます。
　　【电视 / 小时 / 她 / 两个 / 每天 / 看 / 。】　　　　☆电视 diànshì

　　＿＿＿＿＿＿＿＿＿＿＿＿＿＿＿＿＿＿＿＿＿＿＿＿＿

(3)　20分待ってくれませんか。
　　【我 / 你 / 好 / 等 / 分钟 / 不好 / 二十 / , / ?】

　　＿＿＿＿＿＿＿＿＿＿＿＿＿＿＿＿＿＿＿＿＿＿＿＿＿

🔊 112

1 音声を聞いて（　　）を埋め、さらに通訳してみましょう。

(1) 爸爸喜欢穿（　　　　　　　）。

(2) 姐姐喜欢穿（　　　　　　　）。

(3) 妈妈喜欢穿（　　　　　　　）。

2 空欄を埋めて、日本語に訳しましょう。

(1) 我哥哥每天走（　　　　　　　）去公司。

日本語訳 ....

(2) 打听一下，去东京站（　　　　　　　）？　➡　（　　　　　　　）这儿一直走。

日本語訳 ....

(3) 教室的门开（　　　　　）吗？　➡　教室的门（　　　　　　）开着。　＊教室 jiàoshì

日本語訳 ....

3 次の日本語を中国語に訳しましょう。

(1) 地下鉄の駅は道路の左側にあります。

....

(2) お尋ねしますが、この近くにドラッグストアがありますか。

....

(3) 彼は毎日中国語を1時間勉強します。

....

10

第 **10** 课　在　餐厅

Dì shí kè

Zài　cāntīng

本文 阿部さんと劉佳さんはレストランに入った。　🔊 113

服务员：欢迎　光临！　里边儿　请。
Huānyíng guānglín!　Lǐbianr　qǐng.

阿部：诶!?　从　这儿　能　看到　长城。
Éi!?　Cóng　zhèr　néng　kàndào Chángchéng.

刘佳：这儿　离　长城　不　太　远。
Zhèr　lí Chángchéng bú　tài　yuǎn.

服务员：两　位，请　看　菜单。
Liǎng　wèi,　qǐng　kàn　càidān.

刘佳：阿部，你　点菜　吧。
Ābù,　nǐ　diǎncài　ba.

阿部：好。　要　两　个　炒饭、一　个　棒棒鸡……
Hǎo.　Yào liǎng　ge　chǎofàn、yí　ge　bàngbàngjī…….

服务员：烧卖　要　一　份儿，还是　要　两　份儿？
Shāomài　yào　yí　fènr,　háishi　yào liǎng　fènr?

刘佳：来　两　份儿　吧。
Lái liǎng　fènr　ba.

新出語句　🔊 114

1. 餐厅 cāntīng 〔名〕レストラン
2. 服务员 fúwùyuán 〔名〕(ホテルやレストランの) 従業員
3. 欢迎光临 huānyíng guānglín ようこそそいらっしゃいませ
4. 看到 kàndào 〔ヮ〕見える
5. 长城 Chángchéng 〔名〕万里の長城
6. 离 lí 〔介〕～から、～まで
7. 远 yuǎn 〔形〕遠い
8. 两位 liǎng wèi 〔ヮ〕二方、お二人

9. 菜单 càidān 〔名〕メニュー
10. 点菜 diǎncài 〔動〕料理を注文する
11. 炒饭 chǎofàn 〔名〕チャーハン
12. 棒棒鸡 bàngbàngjī 〔名〕バンバンジー
13. 烧卖 shāomài 〔名〕シューマイ
14. 份儿 fènr 〔量〕～人前
15. 还是 háishi 〔接〕それとも
16. 来 lái 〔動〕よこす、ください

116

 結果補語 動詞＋結果補語（動詞/形容詞）（＋目的語）

結果補語は動作や変化によって生じた結果を表わす。否定文は"没（有）"を用いる。

(1) 汉语 作业 写完 了。
 Hànyǔ zuòyè xiěwán le.

(2) 我 想 学好 汉语。
 Wǒ xiǎng xuéhǎo Hànyǔ.

(3) 你 听懂 了 吗？ ➡
 Nǐ tīngdǒng le ma?

 听懂 了。
 Tīngdǒng le.

 没 听懂。
 Méi tīngdǒng.

 117

 介词"离～"「～から、～まで」

2点間の空間的、時間的隔たりを表わす。

(1) 我 家 离 学校 很 近。
 Wǒ jiā lí xuéxiào hěn jìn.

(2) 这里 离 地铁站 不 远。
 Zhèli lí dìtiě zhàn bù yuǎn.

(3) 离 开学 还 有 一 个 星期。
 Lí kāixué hái yǒu yí ge xīngqī.

即練習 次の文を中国語に直しましょう。

❶ 私の家は電車の駅からあまり近くありません。

_____

❷ 私は中国語の宿題をまだ書き終えていません。

_____

3 選択疑問文 "(是) A，还是 B" 「A ですか，それとも B ですか」

(1) 你 喝 咖啡，还是 喝 红茶？
Nǐ hē kāfēi, háishi hē hóngchá?

(2) 我们 今天 去，还是 明天 去？
Wǒmen jīntiān qù, háishi míngtiān qù?

(3) 他 是 中国人，还是 日本人？ "还是"の後ろの判断動詞"是"は省略できる。
Tā shì Zhōngguórén, háishi Rìběnrén?

4 料理を注文する動詞 "要" と "来"

(1) 我 要 一 个 A套餐。
Wǒ yào yí ge Atàocān.

(2) 来 一 个 炒饭。
Lái yí ge chǎofàn.

(3) 服务员！ 再 来 两 杯 啤酒。
Fúwùyuán! Zài lái liǎng bēi píjiǔ.

即練習 次の文を中国語に直しましょう。

❶ チャーハン一つ、ビールを一杯ください。

_____

❷ あなたはラーメンを食べますか、それとも定食を食べますか。

_____

 115

ポイントの新出語句

❶ 作业 zuòyè 名宿題
❷ 写完 xiěwán フ書き終える
❸ 学好 xuéhǎo フマスターする、習得する
❹ 听懂 tīngdǒng フ聞いて分かる
❺ 近 jìn 形近い
❻ 开学 kāixué 動学校が始まる
❼ 一个星期 yí ge xīngqī フ一週間
❽ 套餐 tàocān 名定食
❾ 再 zài 副さらに、また
❿ 啤酒 píjiǔ 名ビール

1 イラストの語句を使って、下線部を置き換え練習しましょう。 120

工作　做完
gōngzuò　zuòwán

中文杂志　看懂
Zhōngwén zázhì　kàndǒng

书　找到
shū　zhǎodào

(1) A： 作业 写完 了 吗？
　　　 Zuòyè　xiěwán le　ma?

　　 B： 写完 了。
　　　 Xiěwán le.

　　 C： 没 写完。
　　　 Méi xiěwán.

公交车站
gōngjiāochē zhàn

机场
jīchǎng

出租汽车站
chūzū qìchē zhàn

(2) A： 这儿 离 地铁站 远 吗？
　　　 Zhèr　 lí　dìtiě zhàn yuǎn ma?

　　 B： 不 远，很 近。
　　　 Bù yuǎn, hěn jìn.

　　 C： 非常 远。
　　　 Fēicháng yuǎn.

2 役を分担して自由に会話をしてみましょう。

(1) A： 诶!? 从这儿能看到长城。

B： _____

(2) A： 这是菜单，请点菜。

B： _____

(3) A： 啤酒要一杯，还是要两杯？

B： _____

3 中国語の発音を聞いて、語句を書き取りましょう。　🔊 121

漢字	ピンイン		漢字	ピンイン
(1)		(4)		
(2)		(5)		
(3)		(6)		

4 下記の日本語の意味になるように、語句を並べ替えましょう。

(1) クリスマス☆まであと1週間です。
【圣诞节 / 现在 / 有 / 一个星期 / 离 / 还 / 。】
☆圣诞节 Shèngdànjié

_____

(2) 私は先生の中国語を聞いて分かりませんでした。
【汉语 / 我 / 听懂 / 老师 / 没 / 的 / 。】

_____

(3) あなたはビールを飲みたいですか、それともウーロン茶を飲みたいですか。
【啤酒 / 乌龙茶 / 你 / 喝 / 喝 / 还是 / 想 / 想 / , / ? 】

_____

77

🔊 122

1 音声を聞いて（　　）を埋め、さらに通訳しましょう。

(1) 这儿离（　　　　　　　）非常远。

(2) 这儿离（　　　　　　　）站很近。

(3) 我家离（　　　　　　　）站不太远。

2 空欄を埋めて、日本語に訳しましょう。

(1) 阿部他们去的餐厅能看（　　　　　　　）长城。那里（　　　　　　　）长城不太远。

　　　日本語訳 _____

(2) 服务员！（　　　　　　　）一个炒饭，（　　　　　　　）来一杯啤酒。

　　　日本語訳 _____

(3) 他能听（　　　　　）老师的汉语，也能看（　　　　　　　）中文杂志。

　　　日本語訳 _____

3 次の日本語を中国語に訳しましょう。

(1) 私の家から富士山が見えます。　　　　　　　　　　　※富士山：Fùshìshān

_____

(2) すみません、シューマイを1人前下さい。

_____

(3) ここは万里の長城から遠いですか。

_____

第 11 课 去 医院

Dì shíyī kè   Qù   yīyuàn

本文 阿部さんはお腹を壊したようで、劉佳さんの付き添いで病院に来ている。 🔊 123

11

医生： 请 进来。……您 哪儿 不 舒服？
Qǐng jìnlai. …… Nín nǎr bù shūfu?

阿部： 我 肚子 疼，发烧。
Wǒ dùzi téng, fāshāo.

医生： 是 从 什么 时候 开始 的？
Shì cóng shénme shíhou kāishǐ de?

阿部： 昨天 晚上 开始 的。
Zuótiān wǎnshang kāishǐ de.

医生： 给 您 开了 药，请 按时 服用。
Gěi nín kāile yào, qǐng ànshí fúyòng.

阿部： 知道 了。 谢谢 大夫。
Zhīdao le. Xièxie dàifu.

刘佳： 回去 以后，什么 都 可以 吃 吗？
Huíqu yǐhòu, shénme dōu kěyǐ chī ma?

医生： 不要 吃 太 油腻 的 东西。
Búyào chī tài yóunì de dōngxi.

新出語句 🔊 124

① 进 jìn 〔動〕入る、進む
② 舒服 shūfu 〔形〕気分がよい、体調がよい
③ 肚子 dùzi 〔名〕お腹
④ 疼 téng 〔形〕痛い
⑤ 发烧 fāshāo 〔動〕熱が出る、発熱する
⑥ 什么时候 shénme shíhou 〔フ〕いつ、いつごろ
⑦ 开始 kāishǐ 〔動〕始まる、始める
⑧ 给 gěi 〔介〕〜に、〜のために
⑨ 开药 kāi yào 〔フ〕薬を処方する

⑩ 按时 ànshí 〔副〕時間どおりに
⑪ 服用 fúyòng 〔動〕服用する、飲む
⑫ 知道 zhīdao 〔動〕知る、分かる
⑬ 大夫 dàifu 〔名〕医者（"医生"の口語）
⑭ 回 huí 〔動〕帰る、戻る
⑮ 以后 yǐhòu 〔名〕以後、今後
⑯ 都 dōu 〔副〕いずれも、みんな
⑰ 油腻 yóunì 〔形〕脂っこい
⑱ 东西 dōngxi 〔名〕食物、品物

単純方向補語 動詞（＋目的語）＋方向補語"来"/"去" 「～して来る/行く」

方向補語は動作の方向を表わす。

⑴ 请 进来。
Qǐng jìnlai.

⑵ 我们 进去 吧。
Wǒmen jìnqu ba.

⑶ 哥哥 回 家 来 了。 💡 場所を表わす目的語の場合は、動詞と方向補語の間に置く。
Gēge huí jiā lai le.

 主述述語文 主語＋述語［小主語＋小述語］ 「～は…が…だ」
（「象は鼻が長い」のような文）

主述述語文の述語は主語を説明し、描写したりする。

⑴ 大象 鼻子 长。
Dàxiàng bízi cháng.

⑵ 妹妹 嗓子 疼。
Mèimei sǎngzi téng.

⑶ 今天 天气 真 好。
Jīntiān tiānqì zhēn hǎo.

🐬 **即練習** 次の文を中国語に直しましょう。

❶ 兄は中国から帰って来ました。

_____

❷ 昨日は天気があまりよくありませんでした。

_____

🔊 125

ポイントの新出語句

❶ 大象 dàxiàng 名象
❷ 鼻子 bízi 名鼻
❸ 长 cháng 形長い
❹ 嗓子 sǎngzi 名のど

❺ 天气 tiānqì 名天気、天候
❻ 入学 rùxué 動入学する
❼ 打电话 dǎ diànhuà ㋖電話をする
❽ 点心 diǎnxin 名菓子

3 "是～的"構文 　主語＋("是")＋時間や手段など＋動詞＋"的"
「～したのです」

既に実現し、完了した事柄について、「いつ」、「どこで」、「どのように」、「どういう目的」「誰が」などを説明する時に用いる。"是"は省略してもよい。

(1) 他 是 今年 入学 的。
Tā shì jīnnián rùxué de.

(2) 你们 怎么 来 的？ ⇒
Nǐmen zěnme lái de?

我 走 来 的。
Wǒ zǒu lái de.

我 开车 来 的。
Wǒ kāichē lái de.

(3) 我 不 是 走 来 的。
Wǒ bú shì zǒu lái de.
否定文の場合、"是"の省略はできない。

129

4 介詞"给～" 　主語＋"给"＋人＋動詞　「～に、～のために」

(1) 我 给 朋友 打 电话。
Wǒ gěi péngyou dǎ diànhuà.

(2) 妈妈 给 我们 做了 点心。
Māma gěi wǒmen zuòle diǎnxin.

(3) 爸爸 不 给 弟弟 买 游戏机。
Bàba bù gěi dìdi mǎi yóuxìjī.
否定詞は"给"の前に置く。

 即練習　次の文を中国語に直しましょう。

❶ 私たちは自転車で来ました。

_____

❷ 私は友達にチャーハンを作りました。

_____

1 イラストの語句を使って、下線部を置き換え練習しましょう。 130

打的
dǎdī

坐 飞机
zuò fēijī

坐 新干线
zuò Xīngànxiàn

(1)　A: 你（是）怎么 来 的?
　　　　Nǐ (shì) zěnme lái de?

　　　B: 我（是）<u>走 来</u> 的。
　　　　Wǒ (shì) zǒu lái de.

上去
shàngqu

下来
xiàlai

出去
chūqu

(2)　A: 他 / 她 进来 了 吗?
　　　　Tā 　　 jìnlai le ma?

　　　B: 他 / 她 <u>进来</u> 了。　　C: 他 / 她 没 <u>进来</u>。
　　　　Tā 　　 jìnlai le.　　　　 Tā 　　 méi jìnlai.

よく用いる単純方向補語 131

	上 shàng	下 xià	进 jìn	出 chū	回 huí	走 zǒu	带 dài
来 lai	上来 （上がって来る）	下来 （下りて来る）	进来 （入って来る）	出来 （出て来る）	回来 （帰って来る）	走来 （歩いて来る）	带来 （持って来る）
去 qu	上去 （上がって行く）	下去 （下りて行く）	进去 （入って行く）	出去 （出て行く）	回去 （帰って行く）	走去 （歩いて行く）	带去 （持って行く）

2 役を分担して自由に会話をしてみましょう。

(1) A： 请坐。您哪儿不舒服？

　　 B： _____

(2) A： 是从什么时候开始的？

　　 B： _____

(3) A： 我给您开了药，请按时服用。

　　 B： _____

3 中国語の発音を聞いて、語句を書き取りましょう。　　🔊 132

漢 字	ピンイン		漢 字	ピンイン
(1) _____	_____	(4) _____	_____
(2) _____	_____	(5) _____	_____
(3) _____	_____	(6) _____	_____

4 下記の日本語の意味になるように、語句を並べ替えましょう。

(1) 医者は阿部さんに薬を処方しました。
【 药 / 医生 / 阿部 / 给 / 了 / 开 / 。】

_____

(2) あなたはいつ中国に行ったのですか。
【 什么时候 / 你 / 的 / 中国 / 是 / 去 / ？】

_____

(3) 姉はアメリカから日本に帰って来ました。
【 日本 / 美国 / 姐姐 / 从 / 了 / 回 / 我 / 来 / 。】

_____

133

1 音声を聞いて（　）を埋め、さらに通訳してみましょう。

(1) 我是坐（　　　　　　　　）来的。

(2) 他是坐（　　　　　　　　）去的。

(3) 我们是（　　　　　　　　）来的。

2 空欄を埋めて、日本語に訳しましょう。

(1) 我是今年入学（　　　　　　）。你（　　　　　　）什么时候入学的？

日本語訳　_____

(2) 我（　　　　　　）朋友买了一个礼物。是在百货商店买（　　　　　　）。

日本語訳　_____

(3) 放寒假了，留学生们都回老家（　　　　　）了。　＊放寒假 fàng hánjià：冬休みになる

日本語訳　_____

3 次の日本語を中国語に訳しましょう。

(1) 私はのどが痛くて熱があります。

_____

(2) どこが具合が悪いですか。

_____

(3) いつから始まったのですか。

_____

84

第 12 课 买 土特产
Dì shí'èr kè Mǎi tǔtèchǎn

本文 阿部さんは劉佳さんと一緒にお土産を選んでいるところ。　🔊 134

阿部：玉石　手链儿，多少　钱？
　　　Yùshí　shǒuliànr,　duōshao qián?

老板：一　个　一百　块。
　　　Yí　ge　yìbǎi　kuài.

阿部：太　贵　了，便宜　一点儿　吧。
　　　Tài guì le, piányi yìdiǎnr ba.

阿部：佳佳，你　在　看　什么　呢？
　　　Jiājia, nǐ zài kàn shénme ne?

刘佳：你　看，那个　手链儿　比　这个　好看。
　　　Nǐ kàn, nèige shǒuliànr bǐ zhèige hǎokàn.

老板：那个　一百　五十　块　一　个。
　　　Nèige yìbǎi wǔshí kuài yí ge.

阿部：我　买　三　个，三百　块　怎么样？
　　　Wǒ mǎi sān ge, sānbǎi kuài zěnmeyàng?

老板：你　汉语　说　得　很　不错　啊！行，拿去　吧。
　　　Nǐ Hànyǔ shuō de hěn búcuò a! Xíng, náqu ba.

新出語句 🔊 135

① 土特产 tǔtèchǎn 〔名〕おみやげ
② 玉石 yùshí 〔名〕玉
③ 手链儿 shǒuliànr 〔名〕ブレスレット
④ 多少 duōshao 〔疑代〕どれくらい、いくつ
⑤ 钱 qián 〔名〕お金（多少钱：いくらですか）
⑥ 老板 lǎobǎn 〔名〕（主に個人経営の）店や会社の店主、経営者を指す
⑦ 块 kuài 〔量〕中国の貨幣の単位。"元 yuán"の口語
⑧ 贵 guì 〔形〕（値段が）高い

⑨ 便宜 piányi 〔動・形〕安くする、（値段が）安い
⑩ 一点儿 yìdiǎnr 〔数量〕少し、ちょっと
⑪ 在 zài 〔副〕〜している（ところ）
⑫ 比 bǐ 〔介〕〜より
⑬ 好看 hǎokàn 〔形〕綺麗である
⑭ 得 de 〔助〕様態補語を導く語
⑮ 不错 búcuò 〔形〕よい、悪くない
⑯ 行 xíng 〔動〕よろしい、大丈夫だ
⑰ 拿 ná 〔動〕持つ、取る

ポイント

🔊 137

Point 1 人民元と日本円（人民币 rénmínbì 和日元 rìyuán）

1 人民元の数え方

書き言葉	元 yuán	角 jiǎo	分 fēn	1元（块）= 10角（毛）
話し言葉	块 kuài	毛 máo	分 fēn	1角（毛）= 10分

这个　多少　钱？ ➡ 十八　块　五（毛）。
Zhèige duōshao qián?　Shíbā kuài wǔ (máo).

2 人民元と日本円の為替レート

一　人民币　换　多少　日元？ ➡ 一　人民币　换　二十　日元。
Yì rénmínbì huàn duōshao rìyuán?　Yì rénmínbì huàn èrshí rìyuán.

（2022年8月末の時点で）

🔊 138

Point 2 副詞"在"「～している（ところ）」

　　副詞"在"は動作、行為が進行中であることを表わす。文末に"呢"とペアで使ってもよいし、"呢"を単独で使ってもよい。否定形は普通"没"を用いる。

⑴ 我们　在　学　汉语。
　　Wǒmen zài xué Hànyǔ.

⑵ 他　在　写　报告　呢。
　　Tā zài xiě bàogào ne.

　　他　没　在　写　报告。
　　Tā méi zài xiě bàogào.

💡 否定詞は"在"の前に置く。

 即練習 次の文を中国語に直しましょう。

❶ あれはいくらですか。

_____

❷ 彼らは中国語を勉強していません。

_____

139

Point 3 比較文 "A 比 B～" 「A は B より～だ」

(1) 草莓　比　香蕉　贵。
　　Cǎoméi　bǐ　xiāngjiāo guì.

(2) 这个　比　那个　便宜（两　块）。　量や程度の差を表わすこともできる。
　　Zhèige　bǐ　nèige　piányi (liǎng kuài).

(3) 今天　比　昨天　冷。　否定文 ➡ 今天　没有　昨天　冷。
　　Jīntiān　bǐ　zuótiān lěng.　　　　Jīntiān méiyǒu zuótiān lěng.

🔊 140

Point 4 様態補語　主語 + 動詞／形容詞 + "得" + 様態補語　「～するのが…である」

様態補語は動作、行為の様態や程度を表わす。

(1) 你　跑　得　真　快。
　　Nǐ　pǎo　de　zhēn kuài.

🔔 動詞に目的語が伴う場合、次のようになる。

(2)
他　说　汉语　说　得　很　流利。　💡動詞を重複させる。
Tā　shuō Hànyǔ　shuō de　hěn　liúlì.

他（的）汉语　说　得　很　流利。　💡一つ目の動詞は省略できる。
Tā　(de)　Hànyǔ　shuō de　hěn　liúlì.　　"的"を入れることも可能。

即練習　次の文を中国語に直しましょう。

❶ イチゴはバナナほど安くありません。

_____

❷ 彼は中国語を話すのがあまり流暢ではありません。

_____

🔊 136

ポイントの新出語句

❶ 人民币 rénmínbì 　名 人民元
❷ 日元 rìyuán 　名 日本円
❸ 换 huàn 　動 換える、両替する
❹ 报告 bàogào 　名 レポート
❺ 草莓 cǎoméi 　名 イチゴ
❻ 香蕉 xiāngjiāo 　名 バナナ
❼ 冷 lěng 　形 寒い
❽ 跑 pǎo 　動 走る
❾ 快 kuài 　形 速い
❿ 流利 liúlì 　形 流暢である

1 イラストの語句を使って、下線部を置き換え練習しましょう。　141

T恤衫　一件　100块
Txùshān　yí jiàn

矿泉水　一瓶　1.5块
kuàngquánshuǐ　yì píng

汉堡包　一个　460日元
hànbǎobāo　yí ge

(1)　A:　请问，可乐　多少　钱？
　　　Qǐngwèn, kělè duōshao qián?

　　　B:　一　杯　五　块　六(毛)。
　　　　　Yì　bēi　wǔ　kuài liù(máo).

跳　芭蕾舞
tiào　bālěiwǔ

打　羽毛球
dǎ　yǔmáoqiú

唱　卡拉OK
chàng　kǎlā ok

(2)　A:　他 / 她　网球　打　得　怎么样？
　　　Tā　　wǎngqiú dǎ　de zěnmeyàng?

　　　B:　他 / 她　打　得　很　好。
　　　　　Tā　　dǎ　de hěn hǎo.

　　　C:　还　可以。　　　　　　　　　　　※还可以：まあまあだ、まずまずよろしい
　　　　　Hái　kěyǐ.

88

2 役を分担して自由に会話をしてみましょう。

(1) A： 玉石手链儿，多少钱？

　　 B：_____

(2) A： 佳佳，你在看什么呢？

　　 B：_____

(3) A： 我买三个，三百块怎么样？

　　 B：_____

3 中国語の発音を聞いて、語句を書き取りましょう。　🔊 142

漢字	ピンイン		漢字	ピンイン
(1) _____	_____	(4) _____	_____
(2) _____	_____	(5) _____	_____
(3) _____	_____	(6) _____	_____

4 下記の日本語の意味になるように、語句を並べ替えましょう。

(1) このセーターはあのセーターほど綺麗ではありません。
【 毛衣 / 毛衣 / 这件 / 那件 / 好看 / 没有 / 。】

_____

(2) 劉佳さんは日本語があまり上手ではありません。
【 说 / 说 / 刘佳 / 日语 / 太 / 得 / 不 / 好 / 。】

_____

(3) 阿部さんは友達たちにおみやげを買っています。
【 土特产 / 在 / 给 / 买 / 朋友 / 阿部 / 。】

_____

🔊 143

1 音声を聞いて（　　）を埋め、さらに通訳しましょう。

(1) 一条牛仔裤（　　　　　　　）块。

(2) 两个汉堡包（　　　　　　　）日元。

(3) 五瓶矿泉水（　　　　　　　）毛。

2 空欄を埋めて、日本語に訳しましょう。

(1) 我哥哥（　　　　　　）我跑（　　　　　　）慢。　　　　　※慢 màn：遅い

日本語訳

(2) 她们（　　　　　）跳芭蕾舞。跳（　　　　　）非常好。

日本語訳

(3) 我姐姐也（　　　　　）学汉语。她汉语说（　　　　　　）很流利。

日本語訳

3 次の日本語を中国語に訳しましょう。

(1) この玉のブレスレットはあれより値段が高いです。

(2) あなたの日本語は非常に流暢です。（様態補語を用いて）

(3) 高すぎます。少し安くしてください。

A 中国語で漢詩を朗読してみましょう。

静夜思
Jìngyèsī

李白
Lǐ Bái

床前明月光，　　Chuáng qián míng yuè guāng,

疑是地上霜。　　Yí shì dì shàng shuāng.

举头望明月，　　Jǔ tóu wàng míng yuè,

低头思故乡。　　Dī tóu sī gù xiāng.

静夜思
せい　や　し

李白
り　はく

床前 明月の光
しょうぜん　めい げつ　ひかり

疑うらくは 是れ 地上の霜かと
うたが　　　　　こ　　　ち じょう　しも

頭を挙げて　明月を望み
かうべ　あ　　　　めい げつ　のぞ

頭を低れて　故郷を思う
かうべ　た　　　　こ きょう　おも

91

春晓
Chūnxiǎo

🔊 145

孟 浩然
Mèng Hàorán

春眠不觉晓， Chūn mián bù jué xiǎo,

处处闻啼鸟。 Chù chù wén tí niǎo.

夜来风雨声， Yè lái fēng yǔ shēng,

花落知多少。 Huā luò zhī duō shao.

春暁
しゅんぎょう

孟浩然
もうこねん

春眠 暁を覚えず
しゅんみん　あかつき　おぼ

処処 啼鳥を聞く
しょしょ　ていちょう　き

夜来 風雨の声
やらい　ふうう　こえ

花落つること知る多少
はなお　し　たしょう

92

儿歌《找 朋友》 🔊 146
érgē　　《Zhǎo péngyou》

找呀找呀找朋友，　Zhǎo ya zhǎo ya zhǎo péngyou,

找到一个好朋友。　zhǎodào yí ge hǎo péngyou.

敬个礼，握握手，　Jìng ge lǐ, wòwo shǒu,

你是我的好朋友。　nǐ shì wǒ di hǎo péngyou.

童謡の意味：
探そう探そう友達を探そう、
よい友達を一人見つけた。
敬礼を一つし、ちょっと握手する、
あなたは私のよい友達だ。

＊現代中国では、広く伝わり、多くの子供たちの成長を伴った
この童謡に比肩するものはないと言える。中国旧正月の番組・
「春節聯歓晩会」（日本の紅白歌合戦に相当する番組）におい
てもたびたび歌われている。

Happy Birthday to you 🔊 147

《祝 你 生日 快乐》
《 Zhù　nǐ　shēngrì　kuàilè 》

祝 你 生日 快乐！
Zhù　nǐ　shēngrì　kuàilè!

① 祝 zhù：祈る、祝う
② 生日 shēngrì：誕生日
③ 快乐 kuàilè：愉快である、楽しい

＊世界中で歌われているこの歌の中国語歌詞は覚えやすく、すぐ歌えるよ！

《铃儿 响 叮当》
《Líng'er xiǎng dīngdāng》

◁)) 148

叮叮当，叮叮当，　　　Dīngdīngdāng, dīngdīngdāng,

铃儿响叮当。　　　　　líng'er xiǎng dīngdāng.

我们滑雪多快乐，　　　Wǒmen huáxuě duō kuàilè,

我们坐在雪橇上。　　　wǒmen zuò zài xuěqiāo shang.

＊＊＊＊＊＊＊＊＊＊＊＊＊＊

冲破大风雪，　　　　　Chōngpò dà fēngxuě,

我们坐在雪橇上。　　　wǒmen zuò zài xuěqiāo shang.

奔驰过田野，　　　　　Bēnchí guò tiányě,

欢笑又歌唱。　　　　　huānxiào yòu gēchàng.

铃儿响叮当，　　　　　Líng'er xiǎng dīngdāng,

精神多欢畅。　　　　　jīngshén duō huānchàng.

今晚滑雪多快乐，　　　Jīnwǎn huáxuě duō kuàilè,

把滑雪歌儿唱。　　　　bǎ huáxuě gē'er chàng.

＊クリスマス(圣诞节 Shèngdànjié)に、みんなで楽しいメロディーにのって歌おう。

① 铃儿响叮当
   Líng'er xiǎng dīngdāng：ジングルベル
② 叮叮当 dīngdīngdāng：「擬声語」リンリンリン
③ 铃儿 líng'er：鈴
④ 响 xiǎng：鳴る
⑤ 滑雪 huáxuě：スキーをする
⑥ 多 duō：どんなに〜だろう

⑦ 雪橇 xuěqiāo：そり
⑧ 奔驰 bēnchí：疾走する
⑨ 过 guò：通る
⑩ 欢笑 huānxiào：快活に笑う
⑪ 精神 jīngshén：心、気持ち
⑫ 欢畅 huānchàng：愉快である、楽しい
⑬ 把 bǎ：〜を(…する)

単語索引

漢字、ピンイン、初出の課の順。[　]の数字は課、「ポ」の付いている語句はポイント、「ト」の付いている語句はトレーニング、「ソ」の付いている語句は即練習、「タ」の付いている語句は達成度総合チェックによるもの。

好 hǎo

好吃 hǎochī [5] ト

好的 hǎo de [6]

好喝 hǎohē [5] ト

好看 hǎokàn [12]

好听 hǎotīng [5] ト

号 hào [3] ポ

喝 hē [1] ポ

和 hé [3]

和服 héfú [9] ト

很 hěn [1]

红茶 hóngchá [2] ト

后边（儿）hòubian (r) [9] ト

后面 hòumiàn [9] ト

后天 hòutiān [4] ト

滑雪 huáxuě [8] ト

欢迎 huānyíng [7]

欢迎光临 huānyíng guānglín [10]

换 huàn [12] ポ

回 huí [11]

回来 huílai [11] ト

回去 huíqu [11] ト

会 huì [8]

机场 jīchǎng [10] ト

几 jǐ [3]

家 jiā [3]

见 jiàn [6]

交 jiāo [2]

教 jiāo [6]

角 jiǎo [12] ポ

饺子 jiǎozi [5] ト

叫 jiào [2]

教室 jiàoshì [9] タ

姐姐 jiějie [3] ト

介绍 jièshào [7]

今年 jīnnián [3]

今天 jīntiān [3] ポ

近 jìn [10] ポ

进草坪 jìn cǎopíng [6] ト

进来 jìnlai [11] ト

进去 jìnqu [11] ト

酒 jiǔ [6] ポ

就 jiù [5]

咖啡 kāfēi [1] ポ

开 kāi [9] ポ

开车 kāichē [6] ポ

开始 kāishǐ [11]

开学 kāixué [10] ポ

开药 kāi yào [11]

看 kàn [5]

看到 kàndào [10]

看懂 kàndǒng [10] ト

可乐 kělè [2] ポ

可以 kěyǐ [8]

客气 kèqi [6]

口 kǒu [3]

块 kuài [12] ポ

快 kuài 副 早く、急いで [4] ポ

快 kuài 形 速い [12] ポ

矿泉水 kuàngquánshuǐ [12] ト

拉面 lāmiàn [5] ポ

来 lái 動 来る [4]

来 lái 動 よこす、ください [10]

老板 lǎobǎn [12]

老家 lǎojiā [9] ポ

姥姥 lǎolao [3] ト

老师 lǎoshī [1] ポ

姥爷 lǎoye [3] ト

了 le 語気助詞 ～になった、～した [2]

了 le 動態助詞 ～した [7]

冷 lěng	[12]	ポ
离 lí	[10]	
里边（儿）lǐbian (r)	[9]	ト
里面 lǐmiàn	[9]	ト
礼物 lǐwù	[6]	ポ
里 li	[2]	ポ
两本 liǎng běn	[6]	ト
两位 liǎng wèi	[10]	
辆 liàng	[7]	ポ
聊天儿 liáotiānr	[3]	
零 líng	[4]	ポ
刘佳 Liú Jiā	[2]	
流利 liúlì	[12]	ポ
留学 liúxué	[7]	ソ
留学生 liúxuéshēng	[4]	
录像 lùxiàng	[8]	ト
旅游 lǚyóu	[4]	
律师 lùshī	[7]	ポ

M		
妈妈 māma	[3]	
麻婆豆腐 mápó dòufu	[4]	ト
吗 ma	[1]	
买 mǎi	[5]	ポ
慢 màn	[12]	タ
漫画 mànhuà	[6]	ソ
毛 máo	[12]	ポ
毛衣 máoyī	[6]	ト
没 méi	[5]	
没关系 méi guānxi	[6]	
没问题 méi wèntí	[7]	
没有 méiyǒu	[2]	
美国人 Měiguórén	[1]	ト
每天 měi tiān	[9]	ポ
美食街 měishí jiē	[4]	
妹妹 mèimei	[3]	ト
门 mén	[9]	ポ
明天 míngtiān	[4]	

名字 míngzi	[2]	

N		
拿 ná	[12]	
哪 nǎ	[7]	ポ
哪个 nǎge/něige	[7]	ポ
哪里 nǎli	[3]	ポ
哪里哪里 nǎli nǎli	[5]	
哪儿 nǎr	[3]	
那 nà	[5]	
那个 nàge/nèige	[7]	ポ
那里 nàli	[3]	ポ
那儿 nàr	[3]	ポ
奶奶 nǎinai	[3]	ト
难 nán	[5]	
呢 ne	[3]	
能 néng	[6]	
你 nǐ	[1]	
你好 Nǐ hǎo	[1]	
你们 nǐmen	[1]	ポ
年 nián	[8]	ト
您 nín	[1]	ポ
牛仔裤 niúzǎikù	[7]	ト
女朋友 nǚpéngyou	[7]	ポ

O		
噢 ō	[3]	

P		
旁边 pángbiān	[9]	
跑 pǎo	[12]	ポ
陪 péi	[6]	
朋友 péngyou	[2]	
啤酒 píjiǔ	[10]	ポ
便宜 piányi	[12]	
漂亮 piàoliang	[6]	ト
乒乓球 pīngpāngqiú	[8]	ポ

99

同学 tóngxué	[7]	向 xiàng	[9]
图书馆 túshūguǎn	[7]	小笼包 xiǎolóngbāo	[4] 卜
土耳其 Tǔ'ěrqí	[5] 卜	小卖店 xiǎomàidiàn	[2] ポ
土特产 tǔtèchǎn	[12]	小时 xiǎoshí	[9] ポ
T恤衫 Txùshān	[12] 卜	校园 xiàoyuán	[7]
		写完 xiěwán	[10] ポ

W

哇 wā	[8]	新干线 Xīngànxiàn	[11] 卜
外边（儿）wàibian (r)	[9] 卜	星期二 xīngqī'èr	[6] 卜
外面 wàimiàn	[9] 卜	星期六 xīngqīliù	[6] 卜
外祖父 wàizǔfù	[3] 卜	星期三 xīngqīsān	[6] 卜
外祖母 wàizǔmǔ	[3] 卜	星期四 xīngqīsì	[6] 卜
晚上 wǎnshang	[4] 卜	星期天（日）xīngqītiān(rì)	[6] 卜
微信 Wēixìn	[2]	星期五 xīngqīwǔ	[6] 卜
围巾 wéijīn	[6] 卜	星期一 xīngqīyī	[6] 卜
位 wèi	[7]	行 xíng	[12]
问路 wènlù	[9]	行人 xíngrén	[9]
我 wǒ	[1]	姓 xìng	[2] ポ
我们 wǒmen	[1] ポ	休息 xiūxi	[5] ポ
乌龙茶 wūlóngchá	[2] 卜	学 xué	[1] ポ
午饭 wǔfàn	[4] ポ	学好 xuéhǎo	[10] ポ
		学生 xuésheng	[1]
		学生证 xuéshēngzhèng	[5] ポ

X

西班牙语 Xībānyáyǔ	[7] 卜		
西装 xīzhuāng	[9] 卜		
喜欢 xǐhuan	[8]		
洗手间 xǐshǒujiān	[8] ポ		
下边（儿）xiàbian (r)	[9] 卜		
下课 xiàkè	[7] ポ		
下来 xiàlai	[11] 卜		
下面 xiàmiàn	[9] 卜		
下去 xiàqu	[11] 卜		
夏威夷 Xiàwēiyí	[5] 卜		
下午 xiàwǔ	[4] 卜		
现在 xiànzài	[4] ポ		
香蕉 xiāngjiāo	[12] ポ		
相遇 xiāngyù	[1]		
想 xiǎng	[4]		

Y

要 yào 動ほしい、もらう、ください			[3] ポ
要 yào 動かかる、必要とする			[9]
药妆店 yàozhuāngdiàn			[9] 卜
爷爷 yéye			[3] 卜
也 yě			[1]
衣服 yīfu			[7] 卜
医生 yīshēng			[7] 卜
医院 yīyuàn			[9] ポ
一个人 yí ge rén			[6] ポ
一个星期 yí ge xīngqī			[10] ポ
一件 yí jiàn			[6] 卜
一路平安 yí lù píng'ān			[6]
一下 yíxià			[7]
以后 yǐhòu			[11]

一点儿　yìdiǎnr　[12]

一瓶　yì píng　[12] ト

一起　yìqǐ　[8] ポ

一双　yì shuāng　[7] ト

一条　yì tiáo　[7] ト

一言为定　yì yán wéi dìng　[4]

一直　yìzhí　[6]

音乐　yīnyuè　[5] ト

银行　yínháng　[7] ポ

银联卡　Yínliánkǎ　[8] ポ

应该　yīnggāi　[6]

英国人　Yīngguórén　[1] ト

英语　Yīngyǔ　[1] ト

用　yòng　[8] ポ

邮局　yóujú　[9] ポ

油腻　yóunì　[11]

游戏机　yóuxìjī　[2] ト

游泳　yóuyǒng　[8] ト

有　yǒu 動　[2]

有意思　yǒu yìsi　[5]

右边　yòubian　[9]

右面　yòumiàn　[9] ト

玉石　yùshí　[12]

元　yuán　[12] ポ

远　yuǎn　[10]

月　yuè　[8] ト

越南人　Yuènánrén　[1] ト

运动鞋　yùndòngxié　[7] ト

怎么样　zěnmeyàng　[4]

站　zhàn　[9]

找到　zhǎodào　[10] ト

照相　zhàoxiàng　[6] ト

这　zhè　[2] ポ

着　zhe　[9]

这个　zhège/zhèige　[7] ポ

这里　zhèli　[3] ポ

这儿　zhèr　[3] ポ

真　zhēn　[5]

珍珠奶茶　zhēnzhū nǎichá　[2] ト

知道　zhīdao　[11]

中国人　Zhōngguórén　[1]

中文杂志　Zhōngwén zázhì　[10] ト

中午　zhōngwǔ　[4] ト

走　zǒu　[9]

走来　zǒulai　[11] ト

走去　zǒuqu　[11] ト

足球选手　zúqiú xuǎnshǒu　[7] ト

祖父　zǔfù　[3] ト

祖母　zǔmǔ　[3] ト

昨天　zuótiān　[4] ト

左边　zuǒbian　[9]

左面　zuǒmiàn　[9] ト

坐　zuò　[4] ポ

做　zuò　[8] ポ

做完　zuòwán　[10] ト

作业　zuòyè　[10] ポ

Z

在　zài 介 ～で、～に　[3]

在　zài 動 ～にいる、～にある　[9]

在　zài 副 ～している（ところ）　[12]

再　zài　[10] ポ

咱们　zánmen　[1] ポ

早饭　zǎofàn　[4] ト

早上　zǎoshang　[4] ト

怎么　zěnme　[9]

表紙デザイン　　　　　　大下賢一郎
本文デザイン＆イラスト　小熊未央
トレーニングイラスト　　メディア・アート

音声吹込　凌慶成
　　　　　李 洵

活躍しよう！ 中国語　初級

検印
省略
　　　　　　　© 2023 年 1 月 31 日　第 1 版　発行

著　者　　　　　　　　　　　　　徐　送迎

発行者　　　　　　　　　　　　　小川　洋一郎
発行所　　　　　　　　　株式会社 朝 日 出 版 社
〒 101-0065　東京都千代田区西神田 3-3-5
電話 (03) 3239-0271・72 (直通)
振替口座　東京　00140-2-46008
欧友社 / 図書印刷
http://www.asahipress.com